Ostasien-Ploetz

Ostasien-PLOETZ

Geschichte Chinas, Japans und Koreas zum Nachschlagen

Von Mathias Haydt

unter Mitwirkung von
Claudius Müller, Rudolf Wolfgang Müller, Peter J. Opitz
und Peter Weber-Schäfer

Mit Karten und Tabellen im Text
sowie Abbildungen auf Bildtafeln

Verlag Ploetz Freiburg/Würzburg

Herstellung: Freiburger Graphische Betriebe 1986
ISBN 3-87640-309-X

Inhalt

Verzeichnis der Abbildungstafeln
(Bildredaktion: *Gabriele Weiß, Freiburg i. Br.)*

Verzeichnis der Bildquellen

Bundespresseamt: 72 oben; dpa: 33 unten; Gerstenberg: 33 oben, 34, 51, 52, 69, 70 unten, 121, 122, 123, 141; Süddeutscher Verlag: 70 oben, 71, 72 unten, 124, 142, 151, 152.

Einführung

In keinem anderen Teil der Welt haben sich in den letzten hundert Jahren so grundlegende und weitreichende Umwälzungen vollzogen wie in Ostasien: China, bevölkerungsreichstes Land der Erde, hat sich seit dem Zweiten Weltkrieg zur dritten politischen Großmacht neben den USA und der UdSSR entwickelt, Japan zur drittgrößten Wirtschaftsmacht.

Der „Ferne Osten“ ist nicht nur im Zeitalter moderner technischer Kommunikationsmittel nahegerückt: Auch als politischer und wirtschaftlicher Faktor wird Ostasien immer bedeutsamer.

Chinas Entwicklung von einem armen, halbkolonialen Land mit stark wachsender Bevölkerung und immensen Versorgungsproblemen hin zum wirtschaftlich autarken „Schwellenland“ mit eigener Industrie – innerhalb weniger Jahrzehnte und trotz großer Rückschläge – nötigt auch den westlichen Beobachtern Bewunderung ab, die dem politisch-ideologischen System der Volksrepublik eher skeptisch gegenüberstehen. Mit seinem riesigen Binnenmarkt ist China bereits auf dem Weg zum wichtigen Handelspartner der westlichen Welt, seitdem die Führung einen eher pragmatisch orientierten Kurs eingeschlagen hat und es ihr gelungen ist, die außenpolitische Isolation weitgehend zu überwinden.

Die Republik Taiwan, bis 1971 Alleinvertreter Chinas in der UNO, hat dadurch stark an Bedeutung verloren. In der Zeit des Kalten Krieges und der Hoffnung auf die Wiedereroberung des chinesischen Festlandes hatte die vorgelagerte Insel große militärische, strategische und politische Bedeutung und verzeichnete auch einen wirtschaftlichen Aufschwung; seit der Konsolidierung der Volksrepublik kann Taiwan jedoch kaum mehr mit dem bedeutenderen und an Ressourcen ungleich reicheren Land konkurrieren.

Japan hat sich in den letzten Jahrzehnten einen immer größeren Anteil am Weltmarkt erobert, einen beispiellosen wirtschaftlichen Aufschwung erlebt und viele traditionelle Industrienationen bereits überflügelt, obwohl das Land kaum Bodenschätze und Energievorräte besitzt. In zahlreichen Wirtschaftsbranchen ist Japan als Exporteur qualitativ hochwertiger und konkurrenzfähiger Produkte auf dem Weltmarkt führend, vor allem im pazifischen Raum gewinnt das Land immer mehr an Einfluß.

Korea steht als zweigeteiltes Land im Spannungsfeld zwischen Ost und West. Zwei Entwicklungsmodelle stehen sich hier einander gegenüber: Im Norden wurde mit Unterstützung der Sowjetunion eine kommunistische Volksrepublik geschaffen, im Süden eine von den USA unterstützte Republik; in beiden Ländern liegt das wirtschaftli-

che Schwergewicht auf der Landwirtschaft, jedoch gewinnt die Industrie zunehmend an Bedeutung.
Der Anstoß zu den raschen und einschneidenden Umwandlungen in Ostasien kam weitgehend von außen: Die Berührung der hochentwickelten Zivilisationen Chinas und Japans mit dem Okzident nach jahrtausendelanger, fast vollständiger Isolation, die gewaltsame „Öffnung“ dieser Länder durch die westlichen Kolonialmächte sprengte die überlieferte vorindustrielle Wirtschafts- und Sozialstruktur. Die technische, ökonomische und militärische Überlegenheit des Westens drohte die Grundlagen der alten Kulturen restlos zu zerstören, diese Länder ihrer Souveränität zu berauben, ihre nationale Einheit zu gefährden und sie zu halbkolonialen Einflußsphären zu degradieren.
Die Notwendigkeit der eigenständigen Modernisierung und Entwicklung wurde von den einheimischen Eliten schon sehr bald erkannt. In Japan wurden diese Bestrebungen jedoch wesentlich dadurch begünstigt, daß eine straff organisierte Zentralmacht unter dem Meiji-Kaisertum die Modernisierung als „Revolution von oben“ durchführte, um sich eine stabilere Machtbasis zu verschaffen. Es kam zu einer engen Verflechtung zwischen Privatwirtschaft und Staat: Dieser schuf durch die Verbesserung der Infrastruktur die Voraussetzungen für eine rasche Industrialisierung und sorgte selbst für eine entsprechende Nachfrage (Aufrüstung), so daß das Land schließlich in der Lage war, eine moderne Armee aufzubauen und im ostasiatischen Raum selbst als Kolonialmacht aufzutreten. Die besonderen Bedingungen der Industrialisierung, die sich nicht von unten entfaltete, das heißt vom Bürgertum getragen wurde, sondern von den feudalen Oberschichten, brachten einen hohen Konzentrationsgrad von Kapital und Wirtschaft mit sich und eine enge Verflechtung zwischen den Kartellen und dem Staat. Besonders die Kartelle waren an einer kolonialen Expansion interessiert.
Vor und im Zweiten Weltkrieg hatte Japan die wichtigsten Länder Ostasiens besetzt, um einen „Großostasiatischen Raum Gemeinsamer Prosperität“ zu schaffen; die Einbeziehung fremder Ressourcen erlaubte eine Verdoppelung der japanischen Kriegsproduktion. Die japanische Wirtschaft war seit jeher auf Expansion ausgerichtet: Der Binnenmarkt war zu klein, Konsum und Wohlstand der Bevölkerung hielten mit der wirtschaftlichen und politischen Expansion nicht Schritt. Anspruchslosigkeit, hohe Arbeitsfähigkeit, Anpassungsbereitschaft und Disziplin der Bevölkerung trugen andererseits wesentlich zum japanischen „Wirtschaftswunder“ nach dem Zweiten Weltkrieg bei.
Nach der Kapitulation griffen die Alliierten stark in das öffentliche Leben ein: Demokratisierung, Entflechtung der Großkonzerne, Entmilitarisierung und Entmachtung des Kaisers waren die wichtigsten Schritte. Im Zuge der Verhärtung der weltpolitischen Lage gewannen

die USA jedoch ein zunehmendes Interesse an einem Wiedererstarken Japans als Bündnispartner im Pazifik. Die politische und wirtschaftliche Entwicklung erfolgte zunächst in enger Anlehnung an die USA, bereits Anfang der siebziger Jahre jedoch trat Japan aus dieser Rolle heraus, ist zum ernsthaften Konkurrenten geworden und bemühte sich zunehmend, eigene Wege zu gehen: Neben den USA wurden China, die UdSSR, die europäischen Staaten und vor allem die anderen asiatischen Länder Wirtschafts- und Handelspartner.
In China waren die Bedingungen für eine Modernisierung wesentlich ungünstiger. Im Gegensatz zu Japan konnte China die Konkurrenz mit den westlichen Mächten nicht aufnehmen: Es fehlte eine zielbewußte, starke Zentralmacht, zu groß und zu zersplittert war das riesige Reich, zu rückständig dachten und handelten die einheimischen Eliten. Mit dem endgültigen Zusammenbruch des traditionellen Herrschaftssystems im Jahre 1911 begann für China zunächst eine fast vier Jahrzehnte andauernde Zeit der inneren und äußeren Konflikte, die das Land verwüsteten und schwächten. Die anfängliche Kooperation der beiden stärksten innenpolitischen Kräfte, Kuomintang und Kommunisten, endete in bürgerkriegsähnlichen Zuständen, die sich über zwei Jahrzehnte hinzogen. Hinzu kam die äußere Bedrohung: Im Jahre 1931 besetzte Japan die Mandschurei, wenige Jahre später folgte die offene Kriegserklärung an China. Während sich in diesem Krieg die Kuomintang weitgehend durch teilweise indifferente Haltung gegenüber den japanischen Eindringlingen, durch Korruption und mangelnde Reformbereitschaft diskreditierte, erhielt die kommunistische Guerillaarmee großen Zulauf aus der Bevölkerung. Die Kommunisten gewannen schließlich trotz ihrer zahlenmäßigen und materiellen Unterlegenheit die Oberhand in dem vierjährigen Bürgerkrieg, der sich an die japanische Kapitulation anschloß.
Erst seit der Gründung der Volksrepublik im Jahre 1949 kann man wieder von einer geeinten chinesischen Nation sprechen (sieht man einmal von Taiwan ab). Das kommunistische China war zunächst weitgehend isoliert; für die Aufgabe des Wiederaufbaus in diesem großteils zerstörten, innerlich zerrissenen Land mit stark anwachsender Bevölkerung gab es kaum Vorbilder und Unterstützung. So versuchte China von Anfang an, politisch und wirtschaftlich einen eigenen Weg einzuschlagen – der unter dem Einfluß Mao Tse-tungs vorherrschende Primat der Ideologie verursachte jedoch zahlreiche Fehlentwicklungen und Rückschläge (Volkskommunenbewegung, „Großer Sprung nach vorn“ und Kulturrevolution). Erst die diplomatische Annäherung an die USA Anfang der siebziger Jahre beendete die Phase der Isolation und schuf die Voraussetzungen für einen relativ pragmatisch orientierten innen- und wirtschaftspolitischen Kurs und eine vorsichtige Öffnung gegenüber westlichen Handels- und Wirtschaftsinteressen.

Der vorliegende Band enthält einen weitgespannten, informativen Abriß der Geschichte Chinas, Japans, Koreas und Taiwans von den Anfängen bis zur Gegenwart. Darüber hinaus bieten die den Abschnitten über die jeweiligen Länder vorangestellten Einführungen einen guten Überblick über die wichtigsten Entwicklungsmerkmale, Epochen und Probleme. Einen thematischen Schwerpunkt zur Bedeutung von Tradition und Revolution in den letzten hundert Jahren der chinesischen Geschichte setzt außerdem der Beitrag „Vom Reich der Mitte zur Volksrepublik China – China auf der Suche nach einer neuen Ordnung“.

China

China und die Welt

Begreift man ‚Welt‘ in einem konventionellen Sinne als die Gesamtheit der die Erde bewohnenden Völker und Staaten, so sind die Beziehungen zwischen China und der ‚Welt‘ verhältnismäßig jungen Datums. Denn obwohl in China die Existenz anderer Völker keineswegs unbekannt war, entwickelten sich intensivere Beziehungen erst gegen Ende des 18. Jahrhunderts. Doch auch in dieser Zeit ging die Initiative nicht von China aus. Im Gegenteil, die chinesischen Herrscher beobachteten die Versuche der westlichen Mächte, ihren Handel mit dem ‚Reich der Mitte‘ auszubauen mit größtem Mißtrauen und taten alles, um die Kontakte zu unterbinden oder zumindest auf ein Mindestmaß zu beschränken. Allerdings vergebens. Als 1839 die chinesische Regierung, besorgt über die vom Opiumhandel zunehmend ruinierte Volksgesundheit und beunruhigt über den Abfluß immer größerer Mengen von Silber, Gegenmaßnahmen ergriff, um den Handel mit der gefährlichen Droge gewaltsam zu unterbinden, nutzten die englischen Kaufleute die Situation, um das chinesische Reich in einen Krieg zu verwickeln, der 1842 mit der Niederlage Chinas endete. Der Friede von Nanking, der diese Niederlage besiegelte, markierte nicht nur den Anfang der Öffnung Chinas durch die westlichen Mächte und Japan, sondern darüber hinaus auch das Ende eines über Jahrhunderte ungebrochenen Selbstverständnisses, das die Gestaltung der Außenbeziehungen des chinesischen Reiches wesentlich beeinflußt hatte.

Das traditionelle Selbstverständnis Chinas

Im Zentrum dieses Selbstverständnisses hatte die Vorstellung von der besonderen Bedeutung des chinesischen Herrschers gestanden. Ähnlich wie der Pharao des alten Ägypten galt auch er nicht als ein Herrscher unter anderen, sondern als „Sohn des Himmels“ *(t'ien-tzu)*. Und ebenso wie in den alten Reichen des Vorderen Orients, so waren auch seine Aufgaben zweifach: Während er als Repräsentant des Himmels damit beauftragt war, die Menschen gemäß den himmlischen Weisungen zu regieren und die Erde in die Ordnung des Kosmos zu integrieren, vollzog er als Repräsentant der Menschen die Opfer für Himmel, Erde und Ahnen und verband so den himmlischen und den irdischen Bereich miteinander. Kult und Kultur fielen somit in seiner Person zusammen. Neben ihm gab es keinen seinesgleichen; er war einzig.

„Am Himmel gibt es keine zwei Sonnen", hieß es schon in einem alten Riten-Buch, „und auf Erden gibt es keine zwei Könige."
Als Mittler zwischen Himmel und Erde war der chinesische Herrscher zugleich auch die irdische Mitte, in der sich Weisheit und Menschlichkeit konzentrierten, um von hier in alle Himmelsrichtungen auszustrahlen. Durch die Emanation seiner Tugend *(tê)* schuf er unter den Menschen Gerechtigkeit und Frieden und verwandelte so die Erde in eine geordnete Welt. Diesem Verständnis zufolge gab es daher auch keinen Unterschied zwischen China und der Welt – als „Reich der Mitte" war China die Welt, umgeben freilich von Gebieten mit noch unkultivierten Völkern. Mochte aber der aktuellen Ausdehnung der Herrschaft des „Himmelssohnes" auch Grenzen gesetzt sein – potentiell bezog sich das himmlische Mandat auf das ganze *t'ien-hsia,* das heißt auf alles, was unter dem Himmel ist. So verkündete schon eine Hymne des *Shih-ching* (Buch der Lieder): „Kein Land gibt es unterm Himmel, das nicht des Herrschers ist, und zwischen den Vier Meeren lebt niemand, der ihm nicht untertan ist." Völker, die es versäumten, sich ihm freiwillig zu unterstellen, um so in den Genuß seines Wohlwollens zu gelangen, handelten somit gegen ihre eigenen Interessen. Denn kamen sie nicht, um sich zu „wandeln", so blieben sie, was sie von Natur aus waren: unkultiviert, Barbaren.
Es bedarf kaum der Erwähnung, daß sich Anspruch und Wirklichkeit keineswegs immer in Übereinstimmung befanden. Weder beschränkten sich die chinesischen Herrscher auf eine defensive Außenpolitik, noch waren die Nachbarvölker Chinas von der Tugendhaftigkeit der chinesischen Herrscher so beeindruckt, daß sie sich ihnen freiwillig unterwarfen. Vielmehr schoben chinesische Kaiser und Generale im Lauf der Jahrhunderte die Grenzen des Reiches weit über den Grundbestand des ursprünglichen Kernlandes hinaus, und immer wieder drängten Völker aus Innerasien das chinesische Reich in die Defensive, überwältigten es und übernahmen selbst die Herrschaft. Dennoch blieb das traditionelle Selbstverständnis bis ins 19. Jahrhundert hinein ungebrochen. Denn trotz militärischer Niederlagen erwies sich China durch seine hohe Kultur schließlich allen Eroberern gegenüber überlegen. So verwandelten sich auch die Herrscher der aus der Mandschurei stammenden Ch'ing-Dynastie schon bald in besonders orthodoxe Vertreter und Verteidiger der konfuzianischen Tradition.
Es ist evident, daß auf der Grundlage des traditionellen chinesischen Selbstverständnisses nicht eine internationale Ordnung entstehen konnte, die sich aus gleichrangigen souveränen Staaten zusammensetzte. Vielmehr ergab sich aus ihr eine hierarchische Struktur, deren wesentliches Merkmal die Teilhabe an der vom Himmelssohn vermittelten „Kultur" war. Die Welt differenzierte sich so in das von der Tugend des Himmelssohnes besonders geprägte „Reich der Mitte" einerseits und Barbarenvölker unterschiedlicher Qualität anderer-

seits. Das heißt: an eine befriedete Zone mit Vasallenstaaten im unmittelbaren kulturellen Einflußbereich Chinas – es waren insbesondere Korea und Vietnam – schloß sich eine Zone an, die von alliierten Barbaren bewohnt war und der die Ryu-kyu-Inseln, Thailand, Birma und Nepal angehörten. Den Außenrand bildete schließlich eine Zone unzivilisierter Barbarenvölker, zu denen neben Japan, den Philippinen und Indonesien auch die Völker des Westens zählten.
Den institutionellen Rahmen der Beziehungen zwischen dem Reich der Mitte und den Barbarenvölkern bildete das sogenannte Tributsystem. Es verpflichtete die Vasallen, in regelmäßigen Abständen durch die Entsendung von Gesandtschaften dem chinesischen Herrscher Reverenz zu erweisen und Tributgeschenke zu überbringen. Während die Vorteile in dieser Beziehung eher auf seiten der Nachbarvölker lagen, denen es die Gesandtschaften ermöglichten, mit China Handel zu treiben, war für die chinesische Seite besonders der politische Aspekt von Bedeutung. Denn durch die Entsendung von Gesandtschaften bestätigten die betreffenden Völker symbolisch die Oberhoheit des chinesischen Kaisers und eröffneten ihm so die Möglichkeit, über eigene Gesandte, die in seinem Namen in den betreffenden Ländern zeremonielle Aufgaben erfüllten, Einfluß auf deren Innen- und Außenpolitik zu nehmen.
Da China über das Tributsystem somit im weitesten Sinne seine Beziehungen zur Außenwelt regelte, stellte das für die Tribut-Angelegenheiten zuständige Ritenministerium *(Li-pu)* auch eine Art Außenministerium dar. Nach dem Sturz der Ming-Dynastie und der Machtübernahme durch die Mandschus wurde sein Zuständigkeitsbereich allerdings eingeschränkt: Während es für die Tributvölker im Osten und Westen auch weiterhin verantwortlich blieb, wurden die Beziehungen zu den anderen Völkern im Osten und Westen einem Amt für Außenländer *(Li-fan-yüan)* übertragen. In dessen Kompetenz fielen insbesondere die Beziehungen zu den mongolischen Völkerschaften und zu Rußland, das durch die Verträge von Nertschinsk (1689) und Kiachta (1727) als erstes europäisches Land formelle Beziehungen zu China aufgenommen und religiöse wie kommerzielle Privilegien erwirkt hatte.
Die chinesische Zentralregierung wollte in jener Zeit keine direkten Außenbeziehungen aufnehmen; sie hatte Peking als ständiges Wohngebiet für Ausländer gesperrt und die Abwicklung der Außenbeziehungen den betreffenden Provinzgouverneuren und -generälen übertragen. Dabei unterstanden die Beziehungen mit den Völkern im Süden und Südwesten dem Generalgouverneur der Provinzen Kwantung und Kwangsi. Da nach einem kaiserlichen Edikt von 1757 die Hauptstadt Kwantungs, Kanton, der einzige Hafen war, über den China seinen Außenhandel abwickelte, fielen in die Zuständigkeit des dortigen Gouverneurs auch die Beziehungen mit den westlichen

Nationen. Da ihre Gesandtschaften lange Zeit die erforderlichen zeremoniellen Vorschriften befolgt hatten, wurden auch sie zu den Tributvölkern gezählt. Allerdings bestand auch zwischen den chinesischen Provinzbehörden und den westlichen Kaufleuten kein direkter Kontakt. Vielmehr hatten die chinesischen Behörden 1760 die Reglementierung des Handels und alle ihn betreffenden Maßnahmen einer Gruppe von neun chinesischen Kaufleuten *(Co-hong)* übertragen, die dafür dem Leiter der Seezoll-Behörde verantwortlich waren. Da auch Großbritannien, das Portugal und Holland als wichtigste europäische Macht im China-Geschäft abgelöst hatte, den Handel bis 1834 über die East India Company betrieb, waren die offiziellen Beziehungen zwischen den beiden Ländern bis dahin nur gering.
Dies änderte sich, als 1793 Lord Macartney als Gesandter von Georg III. nach China reiste. Zweck der Reise waren eine Verbesserung der Handelsbedingungen, die Öffnung weiterer chinesischer Häfen und die Beseitigung des als unbefriedigend angesehenen Co-hong-Systems. Im Gegensatz zu früheren europäischen Gesandten verweigerte Macartney jedoch den Vollzug des *kou-t'ou*-Zeremoniells, mit dem er die Oberhoheit des chinesischen Kaisers anerkannt hätte. Deshalb blieben seine Verhandlungen erfolglos. Nicht anders erging es den folgenden Missionen unter Lord Amherst (1816) und Lord Napier (1834); auch sie scheiterten an den starren protokollarischen Prozeduren und der prinzipiellen Unvereinbarkeit der gegenseitigen Positionen. Da die englische Regierung aber nicht länger bereit war, das Verhalten Chinas hinzunehmen, und die englischen Kaufleute London zu einer wirkungsvolleren Sicherung ihrer Handelsinteressen drängten, war der gewaltsame Konflikt vorprogrammiert. Er entzündete sich 1839 am Opium-Handel.

Chinas Begegnung mit dem Westen

Geschwächt durch schwere wirtschaftliche Krisen und soziale Konflikte war das Reich unfähig, sich gegen die modern ausgerüsteten Flotten und Expeditionskorps Englands erfolgreich zur Wehr zu setzen. Nach kurzem Widerstand blieb nichts anderes übrig, als den Frieden mit Konzessionen zu erkaufen. Die Zeit der sogenannten „ungleichen Verträge“ war angebrochen. Schon in wenigen Jahren verwandelten sich die vertraglich abgetretenen oder geöffneten Häfen Chinas in Brückenköpfe, von denen aus sich Kaufleute und Missionare daranmachten, das alte Reich für westliche Waren und Ideen zu erschließen. Widerstand erwies sich als zwecklos: neuen Niederlagen folgten weitere Diktate; immer mehr Rechte und Zuständigkeiten gingen verloren. Auch andere westliche Mächte faßten in China Fuß – Frankreich, Rußland, die USA – und dehnten über die Meistbegünstigungsklausel ihre Einflußzonen immer weiter aus. 1860, nach dem zweiten Opiumkrieg, besetzten englisch-französische Truppen Peking und vernichteten den kaiserlichen Sommerpalast; der Kaiser selbst mußte ins ferne Jehol fliehen. Zur vertraglich gesicherten Niederlassungsfreiheit kamen nun weitere Privilegien, die die Positionen der westlichen Eindringlinge sicherten: Grunderwerbsrecht, Konsulargerichtsbarkeit, Exterritorialität, niedrige Einfuhrzölle. Zudem setzte Großbritannien die Akkreditierung eines ständigen diplomatischen Vertreters in Peking durch.

Die Ereignisse zwangen die chinesischen Staatsmänner, die Welt, die sie bislang weitgehend ignoriert hatten, zur Kenntnis zu nehmen. Schon 1842 erschien mit „Karten und Beschreibungen der Länder jenseits der Meere" die erste systematische Abhandlung, die Informationen über die Welt außerhalb Chinas vermittelte, darunter auch über Europa. Einige Jahre später – am 20. Januar 1861 – zog die Dynastie, freilich wieder unter dem Druck Großbritanniens, erste institutionelle Konsequenzen. In Peking wurde ein in seinen Kompetenzen allerdings noch sehr eingeengtes „Amt für die generelle Verwaltung der Handelsangelegenheiten mit den verschiedenen Staaten" gegründet, dem 1862 noch eine Sprachenschule angegliedert wurde. Dennoch verging noch mehr als ein weiteres Jahrzehnt, bis China eigene Gesandte in die Welt schickte: 1877 trat Kuo Sung-tao als erster chinesischer Gesandter seinen Dienst in London und Paris an; kurz darauf eröffnete das chinesische Reich weitere Gesandtschaften in den Hauptstädten Washington, Madrid, Berlin und Petersburg.

In China selbst machte man sich daran, die Grundlagen für eine moderne Industrie zu schaffen: Schiffswerften und Waffenarsenale wurden errichtet, Bergwerke und Fachschulen eröffnet. Ein akademisches Auslandsprogramm wurde eingeleitet, in dessen Verlauf mehrere hundert chinesische Studenten und Offiziere nach Europa und in die USA gesandt wurden. Zudem wurden westliche Experten ins Land geholt, die nicht nur westliche Technologie vermitteln sollten, sondern denen auch wichtige Aufgaben in der chinesischen Verwaltung übertragen wurden. Denn nachdem die chinesische Diplomatie dabei gescheitert war, die Widersprüche zwischen den westlichen Eindringlingen zu ihren Gunsten auszunützen und „Barbaren durch Barbaren zu bekämpfen", suchte die chinesische Führung ihr Heil in der Devise „Barbaren mit eigenen Waffen schlagen". Dazu aber benötigte sie genaue Kenntnisse über den Westen, insbesondere über jene Bereiche, die seine militärische Stärke begründeten, also über Wissenschaft und Technik. Zum ersten Mal in seiner Geschichte war China damit auf „Barbaren" gestoßen, die ihm nicht nur militärisch überlegen waren, sondern von denen das Reich der Mitte auch kulturell und zivilisatorisch etwas lernen konnte. Mit dieser Einsicht

aber begannen die geistigen Fundamente, auf denen der chinesische Kosmos jahrhundertelang ruhte, ins Wanken zu geraten.
Dabei sollte es jedoch nicht bleiben. Denn da auch die Modernisierung und Militarisierung des Landes nur langsam und halbherzig betrieben wurden, begann sich das chinesische Universum auch territorial aufzulösen: 1871 besetzten russische Truppen das Ili-Gebiet. Im selben Jahr griff das aus den Meiji-Reformen von 1868 gestärkt hervorgegangene Japan Taiwan an, annektierte 1875 die Ryu-kyu-Inseln und „öffnete" 1876 Korea. 1885 ging mit der Annektion Annams durch Frankreich ein weiteres altes Tributargebiet Chinas verloren; ein weiteres Jahr darauf folgte Birma, das von England in Besitz genommen wurde. Die Amputation der südostasiatischen Staaten war in China zwar mit Verbitterung verfolgt worden, die fraglose militärische Überlegenheit der Westmächte hatte die Verluste jedoch mit Fassung ertragen lassen. Das änderte sich allerdings, als China 1894–95 auch von Japan vernichtend geschlagen und im Frieden von Shimonoseki dazu verurteilt wurde, die Oberhoheit über Korea aufzugeben und Taiwan sowie die Pescadoren abzutreten. Doch noch immer war der Tiefpunkt Chinas nicht erreicht.
Um den wachsenden Einfluß Japans auszugleichen, bot sich Rußland als Alliierter an und erhielt in einem Bündnisvertrag das Recht, durch chinesisches Gebiet eine Eisenbahn zu bauen, mit deren Hilfe die transsibirische Eisenbahn mit dem Flottenstützpunkt Wladiwostok verbunden werden konnte. Dieser Vertrag stärkte jedoch den russischen Einfluß in der Mandschurei und brachte damit nach Ansicht der anderen Mächte auch die bestehende *balance of power* ins Wanken. Den Entschluß, sie auf Kosten Chinas wiederherzustellen, beschleunigte Deutschland, als es nach der Ermordung eines Missionars das Kiaochow-(Kiautschou-)-Gebiet (Shantung) besetzte und China zwang, es unter gleichzeitiger Übertragung der Eisenbahn- und Bergbaurechte dieser Provinz an Deutschland zu verpachten. Das Verfahren, „Pachtverträge" abzuschließen, erschien offenbar auch anderen Mächten vielversprechend. Denn schon kurze Zeit später verlangte Rußland die pachtweise Abtretung der Halbinsel Liaotung mit den Häfen Port Arthur und Dailin und forderte zudem das Recht, eine Eisenbahn zwischen Port Arthur und Harbin zu bauen. Ein Jahr darauf zogen England und Frankreich nach. England pachtete Waihai-wei in Shantung und Frankreich die Bucht von Kuang-chou-wan (Kwantung); zudem erhielt die französische Regierung das Recht, eine Eisenbahn in die chinesische Zinnprovinz Yünnan zu bauen. Allerdings blieb es nicht bei Eisenbahnkonzessionen. Zudem begannen die einzelnen Mächte, sich in China Einflußzonen zu sichern: so Japan in Fukien, Großbritannien im Yangtse-Tal und Frankreich an der Grenze seiner südostasiatischen Protektorate. Angesichts der sich ständig verschlechternden Lage erschien es mehr als fraglich, ob es

dem chinesischen Reich gelingen würde, seine territoriale und administrative Einheit zu bewahren.
Um die drohende Aufteilung zu verhindern, verkündeten daher die USA 1899 einseitig die „Politik der offenen Tür" und sprachen sich für die Erhaltung der territorialen Integrität Chinas aus. Während so die gegenseitige Konkurrenz der westlichen Mächte China vor der vollständigen Kolonialisierung bewahrte, sank das Reich unaufhaltsam auf den Status einer „Halbkolonie" ab, für die sich keine Macht verantwortlich fühlte, von deren Schwäche jedoch jede soweit wie möglich zu profitieren suchte. So nutzten die ausländischen Mächte die durch hohe Kriegsentschädigungen und Kreditaufnahmen hohe Auslandsverschuldung Chinas dazu aus, immer neue Sektoren der chinesischen Wirtschaft – insbesondere die modernen, Bank- und Transportwesen, Kohleproduktion u.a., – unter ihre Kontrolle zu bringen und das Land immer stärker in den Weltmarkt einzugliedern.
Als 1911 mit der Abdankung der Ch'ing-Dynastie auch die Monarchie abgeschafft wurde, hatte China nicht nur einen großen Teil seiner politischen und wirtschaftlichen Handlungsfähigkeit verloren, sondern befand sich zudem in einer tiefen geistigen Orientierungskrise.

Nationale Erneuerung in der Schwebe

Doch auch die Umwandlung in eine Republik brachte nicht die erhoffte Wende. Im Gegenteil. Nach dem Tode Yüan Shih-k'ais, des ersten Präsidenten der Republik, verschlechterte sich der Zustand Chinas noch weiter. Denn mit der nun eintretenden Auflösung der zentralen Führung zerfiel das Reich in mehrere Teile, die von miteinander um die Herrschaft kämpfenden Militärführern *(tu-chün, warlords)* beherrscht wurden. Schon Yüan Shih-k'ai hatte den westlichen Mächten weitere Konzessionen gemacht und im Januar 1915 die sogenannten „21 Forderungen" akzeptiert, durch die der Einfluß Japans in China gewaltig anstieg. Unter den von ausländischer Hilfe noch weit abhängigeren Militärführern nahm nun der ausländische Einfluß noch weiter zu.
Gleichzeitig begann sich jedoch unter den Studenten der neu errichteten Universitäten, unter den Kaufleuten, aber auch unter den Industriearbeitern der Widerstand gegen den ausländischen Einfluß zu formieren. Einen ersten Höhepunkt erreichte die anti-imperialistische Bewegung 1915 mit Boykotts und Protestdemonstrationen gegen die japanischen Forderungen. Ein zweiter Höhepunkt folgte nur wenige Jahre später mit der „Bewegung des Vierten Mai" 1919. Sie entzündete sich an den Versailler Friedensverträgen, in denen die ehemaligen Rechte Deutschlands in Shantung nicht China zurückgegeben,

sondern Japan zugesprochen worden waren. Ernüchtert über die Brutalität, die die westlichen Staaten im Weltkrieg gezeigt hatten und erbittert über den Verrat der westlichen Ideale und der chinesischen Interessen in Versailles, begann die geistige Abwendung vom Westen, dessen Ideen und Institutionen die junge chinesische Intelligenz fasziniert und von denen sie sich die Erneuerung erhofft hatte.
Statt dessen verstärkte sich die Anziehungskraft der russischen Revolution und des Marxismus-Leninismus. Mit Hilfe der Komintern wurde die *Kommunistische Partei Chinas (KPCh)* gegründet, in deren Programm der Kampf gegen Feudalismus und Imperialismus Priorität erhielt. Das Ansehen Rußlands stieg, als die Sowjetregierung freiwillig auf alle vom Zarenregime in China erworbenen Privilegien zu verzichten schien und Beziehungen auf der Basis der Gleichberechtigung anbot. Vor allem zwischen der Sowjetunion und der Kuomintang (KMT) entwickelte sich eine engere Zusammenarbeit. Der Gründer der KMT, Sun Yat-sen, erhielt von Moskau materielle und organisatorische Hilfe und erklärte sich im Gegenzug zur Zusammenarbeit mit den chinesischen Kommunisten bereit. Obwohl sich die sowjetischen Hoffnungen nicht erfüllten und die Errichtung einer kommunistischen Regierung in China vorerst scheiterte, trug die Sowjetunion über diese beiden Parteien doch nicht unerheblich zur Wiederherstellung der chinesischen Einheit und zum Abbau der ausländischen Privilegien bei: über die chinesischen Kommunisten, indem diese durch die Organisierung des chinesischen Proletariats den Druck auf die ausländischen Unternehmen verstärkten; und über die Kuomintang, die mit Hilfe ihrer von sowjetischen Beratern aufgebauten Armeen und logistischer Unterstützung China unter einer Zentralregierung einte und zahlreiche der ausländischen Privilegien zu beseitigen vermochte.
Ende der zwanziger Jahre schienen die Chancen noch groß, daß es dem Befehlshaber der KMT-Truppen, *Chiang Kai-shek*, gelingen würde, den noch verbleibenden Widerstand widerspenstiger *warlords* zu brechen, die Reste der von ihm 1927 zerschlagenen kommunistischen Partei zu vernichten und die noch schwebenden Verhandlungen mit den westlichen Mächten über die Aufhebung ihrer letzten Privilegien zu einem positiven Abschluß zu führen. Sie verschlechterten sich jedoch rapide, als am 18. September 1931 Japan den sogenannten „Mandschurischen Zwischenfall“ zum Vorwand nahm, um die Mandschurei zu besetzen und bald darauf in ein japanisches Protektorat zu verwandeln. Trotz internationaler Proteste weitete Japan in den Jahren darauf seinen Einfluß in Nordostchina weiter aus und ging am 7. Juli 1937, nach dem Zwischenfall an der Marco-Polo-Brücke, zum offenen Krieg über. Schon nach kurzer Zeit waren große Teile Chinas besetzt, und das Land drohte erneut in die Abhängigkeit einer ausländischen Macht zu geraten.

Hätte sich Chiang Kai-shek sofort an die Spitze des ganz China erfassenden anti-japanischen Widerstands gesetzt und entschlossen den Kampf aufgenommen, so hätte er die japanische Invasion zugunsten der KMT nutzen können. Da er jedoch seine militärischen Kräfte in verbissenen Vernichtungsfeldzügen gegen die Kommunisten verzettelte, den Widerstand gegen Japan dagegen nur hinhaltend betrieb und Kompromissen mit dem Gegner zugänglich schien, schmolz das Vertrauenskapital, das er in den Jahren zuvor gesammelt hatte, schnell dahin. Diese Schwächen nutzte *Mao Tse-tung*, der im Januar 1935 endgültig die Führung der KPCh übernommen hatte, geschickt aus. Nachdem die Chinesische Sowjetrepublik schon am 5. April 1932 Japan den Krieg erklärt hatte und die chinesischen Kommunisten in der Folgezeit lautstark die Bildung einer anti-japanischen Einheitsfront gefordert hatten, verschafften ihnen energische militärische Aktionen gegen Japan, insbesondere aber erfolgreiche Guerilla-Operationen hinter den feindlichen Linien, die Sympathien wachsender Teile der chinesischen Bevölkerung.
Obschon bei der Kapitulation Japans im Frühjahr 1945 der KMT an Zahl und wirtschaftlicher Potenz noch weit unterlegen, ging im nun ausbrechenden Bürgerkrieg die militärische Initiative bald auf die Kommunisten über. Daran änderten auch massive diplomatische und logistische Hilfen der westlichen Mächte, insbesondere der USA, an Chiang Kai-shek nichts. Durch ihre Niederlagen gegen Japan kompromittiert, durch eine erfolglose Wirtschaftspolitik, starke restaurative Tendenzen und eine erbarmungslose innere Repression weiten Teilen der Bevölkerung entfremdet, moralisch ausgehöhlt und in sich zerstritten, brach der Widerstand der KMT bald in sich zusammen. Ihre Reste flohen nach Taiwan, das Chiang Kai-shek rechtzeitig als Rückzugsbasis ausgebaut hatte.

Bündnis und Bruch mit der Sowjetunion

Als die chinesischen Kommunisten im Oktober 1949 die chinesische Volksrepublik ausriefen, unterschied sich das internationale Umfeld, in dem China sich befand, erheblich von demjenigen, das zur Zeit der Gründung der chinesischen Republik bestanden hatte. Deutschland hatte schon nach dem 1. Weltkrieg alle Vorrechte aufgeben müssen und war im Kampf um China ausgeschieden. Japan, nach den Siegen gegen China (1895) und Rußland (1905) zur neuen großen Hegemonialmacht in Asien aufgestiegen, war aus dem 2. Weltkrieg als Verlierer hervorgegangen. Auch die beiden anderen Imperialmächte, Großbritannien und Frankreich, hatten den 2. Weltkrieg erheblich geschwächt überstanden, und der Zerfall ihrer Kolonialreiche war angesichts der überall wachsenden Befreiungsbewegungen nur noch eine

Frage der Zeit. Als ernstzunehmende Großmächte waren die Sowjetunion und die USA übriggeblieben; doch standen sich die einstigen Verbündeten inzwischen in Asien und Europa feindselig gegenüber. Der kalte Krieg hatte schon sein kältestes Stadium erreicht, und der Ausbruch eines neuen Weltkrieges lag durchaus im Bereich des Möglichen.

Die neuen Weltmächte hatten sich an die Spitze neuentstandener Militärblöcke gestellt: die USA, deren Wirtschaft den Krieg ohne Schäden überstanden und deren militärische Überlegenheit der Einsatz von Atomwaffen eindrucksvoll demonstriert hatte, waren zur anerkannten Führungsmacht der westlichen Welt aufgestiegen, und die Sowjetunion hatte mit den neuentstandenen sozialistischen Staaten Osteuropas das sogenannte „sozialistische Lager" gebildet. Beide Gruppierungen aber versuchten, ihren Einfluß auf jene Gebiete in der Welt auszudehnen, die noch nicht ihrem Machtbereich angehörten.

Mao Tse-tung hatte schon 1946 den Begriff der „Zwischenzone" geprägt. Zu ihr zählte er jene kapitalistischen, kolonialen und halbkolonialen Länder Europas, Asiens und Afrikas, die zwischen den USA und der Sowjetunion lagen. Ihr gehörte offensichtlich auch China an, das nach der Niederlage Japans zu einem wichtigen Objekt im Ringen zwischen Moskau und Washington geworden war. Wenn sich die chinesischen Kommunisten schließlich für die „einseitige Anlehnung" an die Sowjetunion entschieden und am 14. Februar 1950 mit Moskau einen Freundschafts- und Beistandsvertrag abschlossen, so war diese Entscheidung gar nicht so selbstverständlich, wie sie auf den ersten Blick hin aussah. Zwar bot sich ein Bündnis mit der Sowjetunion als der stärksten kommunistischen Macht an, und Moskau war auch bereit dazu. Andererseits war das Verhältnis der chinesischen Kommunisten zu Moskau alles andere als ungetrübt. Stalin hatte nicht nur in den zwanziger Jahren die Interessen der KPCh seinen eigenen untergeordnet, sondern noch im August 1945 mit Hilfe eines Freundschaftsvertrages mit der geschwächten Nationalregierung die Äußere Mongolei von China abgetrennt und Teile des Nordostens Chinas unter seine Kontrolle gebracht. Zudem dürfte Mao kaum vergessen haben, daß Stalin selbst im chinesischen Bürgerkrieg auf die KMT gesetzt und, erst als deren Niederlage absehbar war, sich den Kommunisten zugewandt hatte. Daß sie sich mit der „einseitigen Anlehnung" an Moskau nicht einem selbstlosen Verbündeten anvertrauten, sondern in die Gefahr einer erneuten Abhängigkeit begaben, dürfte den chinesischen Führern daher bewußt gewesen sein.

Dennoch ließ ihnen das Verhalten der USA kaum eine sinnvolle Alternative. Denn obwohl in Washington kaum noch Illusionen über die KMT bestanden, waren die USA auch nicht bereit, ein kommunistisches Regime in Peking widerstandslos hinzunehmen. Die endgültige Entscheidung gegen die Kommunisten fiel, als nach dem

Ausbruch des Korea-Krieges Präsident Truman die Neutralisierung der Taiwan-Straße durch die 7. amerikanische Flotte anordnete und die Klärung des Status von Taiwan auf einen späteren Zeitpunkt verschob. Der Entschluß der um ihre Sicherheit besorgten Chinesen, am 14. Oktober 1950 mit Freiwilligen in den Korea-Krieg einzugreifen, besiegelte ihr Schicksal: er brachte ihnen die Verurteilung der UNO und die Ächtung durch die meisten Länder der Welt. Damit waren auf der internationalen Bühne ihre Rivalen auf Taiwan noch einmal die Sieger geblieben.

Die Bildung der gegen China gerichteten SEATO im September 1954 und die Unterzeichnung eines unbefristeten Verteidigungsabkommens mit T'aipei waren die nächsten strategischen Züge Washingtons. Sie vervollständigten die wirtschaftliche und diplomatische Isolierung der VR China. Da die Vereinigten Staaten zudem alle Annäherungsversuche Pekings ignorierten, blieb Mao-Tse-tung kaum etwas anderes übrig, als sich noch enger an die Sowjetunion anzulehnen. Allerdings zeigten sich auch im Bündnis mit Moskau bald die ersten Risse. Abgesehen davon, daß die Wirtschaftshilfe längst nicht so ergiebig ausgefallen war, wie die chinesischen Führer gehofft hatten, weigerten sich auch die Nachfolger Stalins, über die Rückgabe jener Gebiete, die in den „ungleichen Verträgen" an Rußland gefallen waren, auch nur zu verhandeln.

Zudem hatte die sowjetische Führung nach dem 20. Parteitag unter dem Motto der „friedlichen Koexistenz" damit begonnen, die Verständigung mit Washington zu suchen; die Entspannungspolitik hatte eingesetzt. Statt ihre Erfolge im Weltraum auszunutzen und auf den von Peking nun verfolgten Konfrontationskurs einzuschwenken, baute Moskau die Konflikte mit dem Westen ab und war infolgedessen weder bereit, Peking in der Quemoy-Krise von 1958 über das Mindestmaß hinaus zu unterstützen noch die vertraglich zugesagte Hilfe beim Aufbau eigener chinesischer Atomwaffen zu leisten. Damit aber begannen sich die Grundlagen des sino-sowjetischen Bündnisses aufzulösen. Vielleicht hätte es die Pekinger Führung noch mit ihrem revolutionären Gewissen und den Prinzipien des „proletarischen Internationalismus" zu vereinbaren gewußt, wenn Chruschtschow lediglich die Interessen der anderen Länder der Dritten Welt vernachlässigt hätte – die Mißachtung nationaler chinesischer Interessen (wie die Rückgewinnung Taiwans oder die von Indien beanspruchten chinesischen Grenzgebiete) rüttelten jedoch an den Fundamenten des Bündnisses.

Der Bruch war unvermeidlich und mit der Unterzeichnung des Teststop-Abkommens im Sommer 1963 auch unwiderruflich.

Schon 1958 hatte sich Mao mit der Aufgabe des sowjetischen Entwicklungsmodells zugunsten des „Großen Sprungs" ordnungspolitisch von ausländischen Vorbildern gelöst und einen eigenen

„chinesischen Weg" eingeschlagen. Nun ermöglichte der Bruch mit Moskau auch die Emanzipation in der Außenpolitik. Allerdings barg die außenpolitische Unabhängigkeit und Eigenständigkeit auch unkalkulierbare Risiken. Denkbar war nicht nur, daß die Sowjetunion versuchen würde, China mit Gewalt wieder ins sozialistische Lager einzugliedern oder in Peking eine Führung an die Macht zu bringen, die sich freiwillig den sowjetischen Weisungen unterordnete. Das wachsende militärische Engagement der USA in Indochina brachte auch ein erhöhtes Risiko der Ausweitung des Krieges auf China selbst mit sich. Die größte Gefahr aber drohte von einer gemeinsamen Aktion der beiden Weltmächte gegen den unbequemen Rivalen.
Versuche Pekings, die lebensgefährliche Isolierung zu sprengen und neue Bündnispartner zu finden, scheiterten: Nur wenige Länder der „Zwischenzonen", um die Mao und Ministerpräsident Chou En-lai sich bemühten, waren bereit, dem chinesischen Werben nachzugeben. Noch schlimmer war: wichtige Verbündete wie Ben Bella, Nkrumah und Sukarno fielen Staatsstreichen zum Opfer; sozialistische Staaten wie Nord-Korea, Nord-Vietnam und Cuba, die eine Zeitlang mit Peking sympathisiert hatten, schwenkten vorsichtig auf einen Mittelkurs ein. Mit dem Scheitern der 2. Bandung-Konferenz verlor China zudem an Boden in der Dritten Welt, und mit dem Kaschmir-Krieg zwischen Indien und Pakistan sein Prestige als Bündnispartner. Weitere Sympathien kostete schließlich die Kulturrevolution, in deren Verlauf Peking von sich aus alle diplomatischen Vertretungen, bis auf jene in Ägypten, schloß und die auswärtigen Kontakte auf ein Minimum reduzierte.

Die Wendung zum Westen

Als im April 1969 der IX. Parteitag der KPCh die Kulturrevolution für beendet erklärte, hatte es den Anschein, als würde Peking die seit 1965 betriebene Politik der gleichzeitigen Konfrontation mit beiden „Supermächten" fortsetzen. Jedenfalls deutete Lin Piao, der designierte Nachfolger Maos, mit keinem Wort eine außenpolitische Wendung an. Und doch stand eine solche Wendung kurz bevor. Offenbar hatten der Einmarsch von Warschauer-Pakt-Truppen in die ČSSR im August 1968 und die im März 1969 am Ussuri ausgebrochenen Grenzkämpfe zwischen sowjetischen und chinesischen Einheiten ihre Wirkung nicht verfehlt. Die Breshnew-Doktrin von der begrenzten Souveränität sozialistischer Staaten, eine beträchtliche Verstärkung der sowjetischen Armeen an der sino-sowjetischen Grenze sowie Gerüchte über sowjetische Sondierungen hinsichtlich der Haltung der amerikanischen Regierung im Falle eines Atomschlags gegen China verstärkten in Peking das Gefühl der Bedrohung und erleichterten es

Chou En-lai, Maos Zustimmung für einen „notwendigen Kompromiß“ mit jener Macht zu gewinnen, die Peking bislang verbissen bekämpft hatte: mit den USA. Da sich – nicht zuletzt aufgrund der Erfahrungen des Vietnam-Krieges – auch in Washington Strategie und Interessenlage geändert hatten und Präsident Nixon ebenfalls an einer Entspannung der Beziehungen zu Peking interessiert war, stand einer Annäherung der beiden Antagonisten nun nichts mehr im Wege.

Als Richard Nixon im Februar 1972 in Peking zu einem Besuch eintraf, hatte die „Öffnung“ Chinas schon große Fortschritte gemacht. Nicht nur war Peking inzwischen schon von einer ständig wachsenden Zahl von Staaten diplomatisch anerkannt worden – es war auch gelungen, die Vertreter T'aipeis aus der UNO zu verdrängen und den Platz Chinas im Sicherheitsrat und in der Generalversammlung zu übernehmen. Zwar kam es 1972 noch nicht zur Normalisierung des Verhältnisses zu den USA, da diese nicht bereit waren, ihren langjährigen Verbündeten in T'aipei fallenzulassen; doch war Washington von der „Zwei-China“-Politik abgerückt. Zudem bot das *Shanghai-Kommuniqué* eine tragfähige Grundlage für die weitere Verbesserung der gegenseitigen Beziehungen.

Hatten sich die chinesischen Kommunisten durch den ideologischen Konflikt mit Moskau und die Kulturrevolution international den Ruf besonderer revolutionärer Prinzipientreue erworben, so schienen sie nun der ganzen Welt beweisen zu wollen, daß sie nicht minder konsequent Realpolitik zu praktizieren imstande waren. Diesen Eindruck vermittelte zumindest ihre durch keine ideologischen Skrupel getrübte Bereitschaft, freundschaftliche Beziehungen selbst mit den reaktionärsten Regimen in aller Welt aufzunehmen und deren Repräsentanten in Peking herzliche Empfänge zu bereiten. Leitmotiv dieser Politik war das Bestreben, die Sowjetunion, von der chinesischen Propaganda inzwischen als die gefährlichste imperialistische Macht angeprangert, international zu isolieren. Diesem Ziel zuliebe verweigerte Peking von nun an selbst Befreiungs- und Revolutionsbewegungen – wie etwa in Ceylon und Ostpakistan – die Unterstützung, wenn dadurch die zwischenstaatlichen Beziehungen gefährdet schienen. Der Slogan „Die Staaten wollen Unabhängigkeit, die Nationen verlangen nach Befreiung, die Völker wollen Revolution machen“, mit dem die chinesischen Politiker seit dem Beginn der 70er Jahre die Strömungen der Geschichte markierten, zeigte deutlich, daß das Unabhängigkeitsstreben der Staaten auch im chinesischen Kosmos einen höheren Stellenwert besaß als das Revolutionsbegehren der Völker.

Die diplomatische Anerkennung durch die USA brachte den chinesischen Kommunisten den Sieg in der letzten und entscheidenden Schlacht gegen ihren ehemaligen Bürgerkriegsgegner und bestätigte ihnen zugleich die Richtigkeit der großen außenpolitischen Wende, die sie zehn Jahre zuvor eingeleitet hatten. Zwar hatte ihre revolutionäre Reputation inzwischen erheblich Schaden gelitten, und viele ihrer einstigen Anhänger hatten sich enttäuscht abgewandt, doch hatte die doppelte Einkreisung durch die beiden „Supermächte" und ihre Verbündeten gesprengt und der eigene politische Spielraum erheblich erweitert werden können. Die Annäherung an die USA und die Verträge mit Japan und der EG hatten zudem wichtige Pluspunkte im Konflikt mit der UdSSR gebracht und das Gleichgewicht im Beziehungsgeflecht der fünf Weltmächte zugunsten Chinas verlagert. In der Logik der neuen Politik und ihrer Erfolge lag es daher, als Peking sich entschloß, den am 11. April 1980 auslaufenden Vertrag mit der Sowjetunion vom Frühjahr 1950 nicht zu verlängern.

Nach dem Fortfall des Einkreisungsringes der USA und ihrer Verbündeten konnte sich die chinesische Führung nun ganz auf die Gefahren konzentrieren, die durch eine Einkreisung durch die Sowjetunion und ihre Anhänger drohten. Denn obwohl die Staaten Asiens auf die Einladung Moskaus zu einem kollektiven Sicherheitssystem negativ oder reserviert reagiert hatten, war die sowjetische Politik in Asien keineswegs erfolglos geblieben. So hatte es Moskau nach der erfolgreichen Vermittlung im indisch-pakistanischen Krieg und durch eine konsequente pro-indische Haltung während der Pakistan-Krise verstanden, die Beziehungen zu New Delhi weiter zu verbessern und im Herbst 1971 durch einen Freundschaftsvertrag zu krönen. Noch größer waren die Einbrüche in Indochina. Hier hatte Vietnam, das nach der Wiedervereinigung mit den südlichen Landesteilen zur stärksten Regionalmacht aufgestiegen war, inzwischen seine Äquidistanz-Politik zwischen Peking und Moskau aufgegeben und sich Moskau zugewandt. Die sowjetisch-vietnamesische Annäherung, die im November 1978 in einem Freundschaftsvertrag gipfelte, war für Peking um so gefährlicher, als sich die vietnamesische Führung nicht auf den Wiederaufbau des eigenen Landes beschränkte, sondern bestrebt war, die beiden anderen kommunistischen Staaten Indochinas unter ihre Kontrolle zu bringen und damit ebenfalls dem sowjetischen Einfluß zu öffnen. Eine von Hanoi geführte und mit der Sowjetunion verbündete indochinesische Konföderation konnte jedoch von Peking unter keinen Umständen widerstandslos hingenommen werden. Denn abgesehen davon, daß sie den Einbruch Moskaus in ganz Südostasien erleichtern würde, drohte China im Falle eines Krieges mit Moskau oder Hanoi die Gefahr eines Zwei-Fronten-Krieges.

Der *casus belli* war daher gegeben, als Hanoi, das Laos schon während des Zweiten Indochina-Krieges in seine Abhängigkeit gebracht hatte, Ende 1979 auch das von Peking unterstützte Pol-Pot-Regime in Kambodscha vertrieb und durch eine pro-vietnamesische Regierung unter Heng Samrin ersetzte. Im Februar 1979 marschierten chinesische Truppen in Vietnam ein. Obwohl sich die militärischen Erfolge Chinas in Grenzen hielten und sich die chinesischen Verbände schon nach einigen Wochen wieder zurückzogen, ging die strategische Rechnung der Pekinger Führung im wesentlichen auf: Trotz einer im Vertrag enthaltenen Beistandsklausel kam die UdSSR nicht zu Hilfe und büßte damit vermutlich erheblich an Glaubwürdigkeit ein; die Möglichkeit eines erneuten chinesischen Angriffs band größere vietnamesische Verbände, belastete erheblich die Wirtschaft des Landes und zügelte auf diese Weise den Expansionsdrang der Führung in Hanoi; die anderen Staaten Südostasiens begannen in China nicht mehr nur eine Gefahr, sondern auch einen potentiellen Garanten ihrer Unabhängigkeit zu sehen. Insbesondere der letzte Punkt führte in den folgenden beiden Jahren zu einer weiteren Annäherung zwischen der VR China und den ASEAN-Staaten.

Die wachsende militärische und politische Präsenz Moskaus im pazifisch-asiatischen Raum beeinflußte jedoch nicht nur die Haltung der südostasiatischen Staaten zugunsten Chinas, sondern begünstigte auch eine weitere Intensivierung der Beziehungen zwischen Peking, Washington und Tokyo. Zusätzliche Impulse erhielt insbesondere die amerikanisch-chinesische Zusammenarbeit durch die Destabilisierung der Situation im Mittleren Osten im Gefolge der iranischen Revolution und nach dem Einmarsch sowjetischer Truppen in Afghanistan. Unter dem Druck dieser Ereignisse gewährten die USA Peking die begehrte Meistbegünstigungsklausel und förderten damit die weitere Verbesserung der Wirtschaftsbeziehungen. Darüber hinaus gab die amerikanische Regierung die politische Zurückhaltung auf, die sie lange Zeit mit Rücksicht auf Moskau den Beziehungen zu Peking auferlegt hatte. So lockerte sie nicht nur das Verbot von Waffenlieferungen an Peking, sondern intensivierte zudem die strategischen Konsultationen. Obwohl sich diese Zusammenarbeit kaum zu einem konkreten Militärbündnis steigern wird, dürfte sie doch wesentlich zur wirtschaftlichen Stabilisierung und zur militärischen Stärkung der VR China beitragen. Es ist wenig wahrscheinlich, daß die Regierung in Peking die Zusammenarbeit mit den USA und den anderen westlichen Mächten, die ihr im vergangenen Jahrzehnt so viele außenpolitische und wirtschaftliche Vorteile gebracht hat, ohne einen dringenden Grund in den kommenden Jahren aufs Spiel setzen wird.

Ereignisse und Entwicklungen der chinesischen Geschichte

Der chinesische Geschichtsraum ist durch *relative Abgeschlossenheit* nach außen sowie *landschaftliche Vielgestaltigkeit* und *klimatologische Unterschiede* im Inneren gekennzeichnet. Im Südwesten bedeckt tropische und subtropische Vegetation unwegsame Mittelgebirgszüge mit tief eingeschnittenen Tälern, nach Westen erheben sich extrem hohe Gebirgsketten (Himalaya, Kunlun, Tienshan, Altai), die von Hochplateaus (Tibet) und Wüstenbecken (Gobi) durchbrochen werden und in die Steppen- und Waldgebiete des Nordens und Nordostens übergehen. Mit Ausnahme der gebirgigen Halbinseln Liaotung und Shantung besteht die flache Küste nördlich der Yangtsemündung aus Schwemmland, dagegen ist der südliche Küstenabschnitt steil, tief ins Land eingeschnitten und von zahlreichen vorgelagerten Inseln geprägt. Diese natürlichen Grenzen umschließen das eigentliche historische Siedlungsgebiet der Chinesen, das **„Innere China“** oder die **„Achtzehn Provinzen“** der späteren Kaiserzeit. Es hat vornehmlich Mittelgebirgscharakter (nur etwa 10% des gesamten Territoriums liegen unter 500 m) und gliedert sich durch die West-Ost-Linie Chinlinggebirge, Huaifluß und Huaimündung in zwei Produktionslandschaften. Im subtropischen Süden (Yangtsetal und südchinesisches Bergland) mit seinen Roterde- und Rotsandsteinböden überwiegt Naßfeldbau (Reis). Der gemäßigte Norden (Huanghoebene und das von ihm entwässerte Bergland) ist der ursprüngliche Lebensraum der frühgeschichtlichen Chinesen; seine fruchtbaren Lößböden erlauben den Trockenfeldbau von Hirse, Gerste und Weizen.
In diesem Raum leben bereits vor 500 000 Jahren Menschen (Fundstätte *Chou-k'ou-tien* bei Peking, der *„Peking-Mensch“*), und aus späterer Zeit (etwa 25 000 bis 20 000 v. Chr.) sind paläolithische Siedlungsschichten im Ordos-Bogen nachweisbar. Doch erst mit Beginn des 3. Jt.s treten Gruppen auf *(Yang-shao-* und *Lung-shan-Kultur)*, die in wesentlichen ethnischen und kulturellen Merkmalen als unmittelbare Vorläufer der historischen Chinesen gelten.
Unter der Shang- und Chou-Dynastie dehnt sich der Siedlungsbereich der ackerbautreibenden Chinesen von der mittleren Huanghoebene nach allen Richtungen aus, bis er um Christi Geburt das „Innere China“ (mit Ausnahme einiger Gebiete im Süden) umfaßt. Diese *kolonisatorische Durchdringung* ist geprägt von der Auseinandersetzung mit *„barbarischen“ Stämmen* – also Stämmen von anderer Lebensweise –, die integriert oder in langwierigen Kämpfen in die für Ackerbau ungeeigneten Steppen- und Berggebiete abgedrängt werden.
Die Mitte des 1. Jt.s v. Chr. ist die **„klassische“ Blüte** der chinesischen

Chronologische Übersicht

ca. 2000–1500 v. Chr.	Hsia-Dynastie (legendär)
ca. 1700–1025	Shang (Yin)-Dynastie
ca. 1025– 256	Chou-Dynastie
	Westliche Chou (ca. 1025–771)
	Östliche Chou (771–256)
221– 207	Ch'in Dynastie (1. Reichseinigung)
202 v. Chr. –220 n. Chr.	Han-Dynastie
	Westliche Han (202 v. Chr.–9 n. Chr.)
	Hsin-Dynastie (9–23)
	Östliche Han (25–220)
220– 280	Drei Reiche (1. Reichsteilung)
	Wei (220–264)
	Shu-Han (221–263)
	Wu (222–280)
265– 420	Chin-Dynastie (2. Reichseinigung)
	Westliche Chin (265–316)
	Östliche Chin (317–420)
420– 589	Südliche und Nördliche Dynastien (2. Reichsteilung)
589– 618	Sui-Dynastie (3. Reichseinigung)
618– 906	T'ang-Dynastie
907– 960	Fünf Dynastien (3. Reichsteilung)
960–1279	Sung-Dynastie (4. Reichseinigung)
	Nördliche Sung (960–1126)
	Hsi-hsia (Tanguten, Tibeter, 990–1227)
	Liao-Dynastie (Kitan, 1066–1125)
	Chin-Dynastie (Dschürtschen, 1115–1234)
	Südliche Sung (1127–1279)
1280–1368	Yüan-Dynastie (Mongolen)
1368–1644	Ming-Dynastie
1644–1912	Ch'ing-Dynastie (Mandschu)
1912–1927	Republik China (Peking)
1927–1949	Republik China (Nanking)
seit 1949	Volksrepublik China / Republik China (Taiwan)

geistigen Kultur: die damals formulierten Werte und gesellschaftlichen Normen bleiben in großen Teilen bis zum Ende der Kaiserzeit gültig.

Die **historisierenden Mythen,** die vom Ende der *Chou-Zeit* überliefert sind, lassen die chinesische Geschichte mit einer Reihe legendärer *Kulturheroen* (um 2500 v. Chr. traditionell) beginnen, auf die Erfindungen wesentlicher Kulturgüter und Gesellschaftsinstitutionen zurückgehen: *Fu Hsi* (Jagd, Schrift), *Shen Nung* (Ackerbau, Pflug, Märkte), *Huang-ti* (Boote, Feuerbohrer), der „Flüssebändiger" *Yü* ist der Begründer der ersten, *legendären Hsia-Dynastie* (2205–1766 traditionell).

Ausgrabungen lassen zwei unterschiedliche spätneolithische Bauernkulturen erkennen, die nach ihren Hauptfund-
um 2500 orten benannt sind: Die **Yang-shao-Kultur** (Honan,
–2000 Shansi, Shensi, Kansu), mit größeren Dörfern, Jäger, Viehzüchter und Bauern, daneben geübte Zimmerer und Weber, hoch entwickelte, bunt bemalte Keramik mit großer Variationsbreite.

Ende Die **Lung-shan-Kultur** (Honan, Shantung, Kiangsu, An-
3. Jt. hui) mit schwarzer, einfarbiger Keramik, für deren Spätzeit auch Schaf- und Rinderzucht belegt sind.

Beginn In ihrem Überlagerungsbereich (Nordost-Honan) bildet
2. Jt. sich eine *Übergangskultur* (Hsiao-t'un) mit vorherrschend
1766–1122 grauer Keramik, die unmittelbar in die Hochkultur der **Shang-Dynastie** (traditionell) überleitet. Eine *Stadtkultur* mit wechselnden Hauptstädten, relativ kleiner Herrschaftsbereich mit starker Ausstrahlung (bis in das Yangtsetal, die Küste, Hopei und Shensi). Klassengesellschaft mit feudalistischen Zügen: Brudererbfolge der Könige, bedeutender Kriegeradel (ausgeprägte Kultur von Bronzewaffen und -rüstungen), spezialisiertes Handwerkertum (glasierte, weiße Keramik, hochentwickelte Steinschnitzereien in Jade, Marmor und Bein, Palastanlagen aus Holz, Bronzeindustrie). In der zweiten Hälfte der Dynastie (traditionell 1401–1122) – nach der Hauptstadt auch **Yin-Dynastie** genannt – erlebt diese Kultur ihre Blütezeit. Mittels Hackbau und mit primitiven Pflügen wird Hirse (weniger Weizen und Reis) angebaut, an Haustieren kommen Ziegen und Geflügel hinzu.

Verehrung der *„obersten Gottheit" Shang-ti* und von Naturgottheiten, reiche Grabkultur mit Menschen und Tieren als Begleitopfer, auf Orakelknochen erscheint die ausgebildete chinesische **Zeichenschrift,** Mondkalender. In der Kunst vornehmlich Jagd- und Tiermotive.

um 1025 Die Shang werden von den **Chou** gestürzt, einem Vasallenstamm, der im Shensibecken siedelt und deutliche Einflüsse der umliegenden Hirtenstämme zeigt. König Wen, der „Markgraf des Westens", erobert den Großteil des Shang-Territoriums, sein Sohn König Wu schlägt den letzten Shang-Herrscher in der Ebene von Mu. Er legitimiert seinen Treubruch mit der Verworfenheit der Shang, deren **„himmlischer Auftrag"** deshalb den Chou übertragen wird. (Diese Begründung gilt paradigmatisch für alle Dynastiewechsel der Folgezeit.)

um 1025 Die ersten Jahrhunderte der **Westlichen Chou-Zeit** sind
–771 stabil: Starke Hausmacht durch Familienbelehnungen, vor
allem im Süden werden neue Gebiete durch die Expansion
chinesischer Bauern erschlossen. Ständige *Barbareneinfälle* im Norden reiben die Chou-Macht auf.

771 Nach der Brandschatzung der Hauptstadt muß diese nach Osten verlegt werden.

771–256 **Östliche Chou-Zeit.** Nur mehr *nominelle Herrschaft* der Chou, die sich auf die königliche Domäne im Umkreis von Loyang beschränkt und deren Überleben dem prekären Gleichgewicht der erstarkten ehemaligen Lehnsstaaten geschuldet ist, die sich gegenseitig neutralisieren.

722–481 **„Frühling- und Herbst-Periode“** (Ch'un-ch'iu). Unter dem
Druck des Südstaates *Ch'u,* der sich seit dem 8. Jh. den Ti-
tel „König“ (wang) anmaßt, und durch Barbareneinfälle
681 im Norden schließen die „Mittelstaaten“ eine Allianz mit
dem Herrscher des mächtigen Oststaates Ch'i, *Herzog Huan,* der *Hegemon* (pa) wird. *Erstarken der Randstaaten,* die nach außen expandieren können und traditionelle feudalistische Strukturen zugunsten effizienter Verwaltungsorganisation aufgeben.

Die ursprünglich über 1000 Kleinstaaten und Lehen werden von den großen Nachbarn annektiert, bis nur mehr sieben Großstaaten übrigbleiben.

Deren heftige Kämpfe und Allianzsysteme bestimmen die
453–221 **„Periode der Streitenden Reiche“** (Chan-kuo). Allmählicher Übergang von Bronze- zu *Eisengeräten* und vom Brandrodungsbau zur intensiven Bodennutzung durch *Mehrfachfelderwirtschaft,* Entwicklung anpassungsfähiger Getreidesorten (Reis, Weizen), Entwässerungs- und Bewässerungstechnik, Aufschwung des Transport- und Handelswesens zur Versorgung der Städte.

Die geistige Blüte der Chou-Zeit

In den politischen Wirren seit dem 7. Jh. bildet sich eine neue intellektuelle Elite heraus, die sich aus den gebildeten, jedoch verarmten Söhnen des Adels und der Großwürdenträger rekrutiert. Diese Wanderphilosophen der *„Hundert Schulen“* wetteifern darin, den Herrschern gesellschaftliche, wirtschaftliche und militärische Reformmodelle anzubieten, die die Machtstellung ihres Staates gegenüber anderen stärken soll. **Konfuzius** (chin: K'ung-fu-tse: † 479) will die in Verfall geratene Ethik des Feudaladels nach dem Idealbild der Vergangenheit wiederherstellen: Traditionelle Riten und verbindliche sittliche

Normen sollen die Beziehungen zwischen Herrscher und Untertan und in der Familie regeln. Während der Chou-Zeit bleiben die Lehren des Konfuzius und seines bekanntesten Nachfolgers *Menzius* („Der Mensch ist von Natur aus gut") politisch wirkungslos.

Die **taoistische Schule** sucht die Harmonie mit der Natur durch das *Tao* (der „Weg"). *Chuang-tzu* (etwa 4. Jh.) und *Lao-tzu* (Lao-tse: etwa 3. Jh.) verkünden die Abwendung von der Zivilisation und ihrer Künstlichkeit und fordern die Rückkehr zur ursprünglichen Natürlichkeit durch das „Nicht-Eingreifen" (wu wei).

Die **Mohisten,** nach *Mo Ti* († 381), predigen die allumfassende Liebe unter den Menschen, die sie durch militärische Aufrüstung zu erreichen suchen, da sich dann kein Staat mehr Vorteile aus einem Angriff auf andere erhoffen kann. Die Erfolge der Mohisten sind ebenso kurzfristig wie die anderer Schulen (Strategen, Logiker, Rhetoriker, Agronomisten, Hedonisten).

Den größten Einfluß während der Periode der Streitenden Reiche gewinnt die Schule der **Legalisten** (fachia, „Rechtsschule"). Ihre Hauptvertreter *Shang Yang* (4. Jh. v. Chr.) sowie *Han Fei-tzu* († 233 v. Chr.) sind erfolgreiche Minister im Staat *Ch'in,* der als Sieger aus dieser Zeit hervorgeht. Die Legalisten fordern die *absolute Machtstellung des Herrschers,* unterwerfen das gesamte Volk festgelegten und kodifizierten Rechtsnormen („Lohn und Strafe"), zerschlagen die alten Familienstrukturen, um die Bevölkerung mobiler zu machen, führen neue, organisatorische *Verwaltungseinheiten* ein, die direkt der Zentrale unterstehen. Um den Staat autark zu machen, propagieren sie die Landwirtschaft und beseitigen unproduktive Gewerbe.

246–210 König *Cheng* von *Ch'in* erobert die sechs rivalisierenden Staaten und vereint zum ersten Mal alles, was „unter dem Himmel" ist:

211 **1. Reichseinigung.**

221–207 Er gründet die **Ch'in-Dynastie** und nennt sich Ch'in Shih Huang-ti, der *„Erste Erhabene und Göttliche von Ch'in".* Reformen unter Mithilfe seines Ministers *Li Ssu,* einem Schüler Han Fei-tzus: das Reich wird in 36 Distrikte mit militärischer und ziviler Führung geteilt. Auflösung der Feudalorganisation, Vereinheitlichung der Gesetze, Schrift, Gewichte, Maße und Spurbreiten der Wagen, dichtes Straßen- und Kanalnetz, bestehende Mauerabschnitte werden zur **„Großen Mauer"** zusammengefaßt, um die Nordgrenze zu sichern. Unter Ch'in Shih Huang-tis Sohn Erh-shih Huang-ti († 207) kommt es zu regionalen Aufständen der alten Feudalherren.

206–202 In den Kämpfen ist der von Bauern abstammende *Liu Pang* (kanonisiert als Kao-tsu: 202–195) siegreich, der die

Han-Dynastie (202 v. Chr.–220 n. Chr) gründet. Abschaffung der verhaßten Ch'in-Gesetze, Belehnung von Familienangehörigen und treuen Gefolgsleuten. Die *Refeudalisierung* schwächt die zentrale Machtstellung der Nachfol-
154 ger Kaiser Kao-tsus. Erst durch die Entmachtung der „Sieben Königreiche" wird diese endgültig gebannt.

141–87 Beginn der energischen Regierung von *Kaiser Wu:* institutionelle und organisatorische Neuordnung des Reiches, Ansätze eines staatlich gelenkten Berufsbeamtentums. Die ressortmäßig gegliederte *Zentralverwaltung* bestellt und kontrolliert die lokalen Behörden. Das Land ist in Kommandaturen und Präfekturen aufgeteilt. Gründung der staatlichen Akademie (124).

Der *Konfuzianismus wird Staatsideologie:* Tung Chung-shu († 105) formt die Lehre des Konfuzius in ein kosmologisches System mit starken prognostischen und spekulativen Zügen um, das die Beziehung zwischen Herrscher und Natur regelt („Staatskult").

Kraftvolle militärische Expansion aus wirtschaftlichen und politischen Gründen (Gewinnung neuer Anbaugebiete, Grenzsicherung).

138 Annexion von Fukien.

128–108 Eroberung von Teilen der Mandschurei und Koreas. Die größte Gefahr für China droht im Nordwesten von den *Hsiung-nu,* die seit der Herrschaft Mao Tuns (209–174) ein Bündnis von Steppenvölkern zwischen Baikal und Balchasch anführen.

126 Nach der Rückkehr des Gesandten *Chang Ch'ien,* der Ferghana und Baktrien erreicht hat, beginnt eine diplomatische und militärische Offensive nach Innerasien, um Verbündete gegen die Hsiung-nu zu gewinnen und den wirtschaftlich bedeutenden Fernhandel *(„Seidenstraßen")* zu kontrollieren.

Um die kostspieligen Feldzüge zu finanzieren, monopolisiert der Staat ertragreiche Produktionszweige: Salz und Eisen (119), Münzprägung (112), zeitweise auch den Vertrieb von Wein und die Nutzung von Marschen und Bergen.

115 Beginn der zweiten Mission Chang Ch'iens in das Ilital, nach Ferghana und Sogdien.

111 Eine chinese Armee erreicht Kanton.

108 In Nordkorea werden Präfekturen eingerichtet.

104–101 Zwei Feldzüge nach Ferghana bringen das Tarimbecken unter chinesische Herrschaft und schwächen die Macht der Hsiung-nu, deren Reich allmählich zerfällt.

um 100 v. Chr. *Größte Ausdehnung des Han-Reiches.* Die großen Belastungen der Bauern durch die Kriege (Steuern, Wehrdienst) sowie Geldentwertung und Ämterkauf führen in den letzten Jahren der Regierung Kaiser Wus zur *wirtschaftlichen Krise.*

Unter den schwachen Nachfolgern Kaiser Wus gewinnen die *Familien der Kaiserinnen* immer mehr Einfluß.

9 n. Chr. **9–23** Nach kurzer Regentschaft übernimmt *Wang Mang,* der Onkel des Kaisers, die Macht und proklamiert die **Hsin-Dynastie.** Wirtschaftliche Reformen nach dem imaginären Muster der Chou: Währungsreform, Ausgleichsämter für Zeiten guter und schlechter Ernten, staatliche Kreditinstitute. Durch Landbegrenzungsgesetze zieht er sich die Feindschaft der Großgrundbesitzer zu.

23 Naturkatastrophen und Bauernaufstände (die „Roten Augenbrauen“) führen zum Sturz Wang Mangs.

25 **25–220** Mit *Liu Hsiu* († 57), einem Nachkommen der Han, wird die alte Dynastie restauriert: **Östliche** (oder Spätere) **Han-Dynastie.** Nach kurzer Konsolidierung der Zentralmacht Fraktionskämpfe zwischen den „Großen Familien“ (Großgrundbesitzer, Kaiserinnenklane) und den Hofeunuchen.

184 Extrem hohe Abgaben an die Grundherrn lösen Bauernaufstände aus (die taoistisch inspirierten *„Gelben Turbane“*).

220 Niederschlagung der Unruhen durch Militärführer, welche die Macht übernehmen.

220–280 **1. Reichsteilung:** Zerfall in drei wirtschaftlich geschlossene Regionalblöcke, die *Drei Reiche* – Wei (220–264), Shu-Han (221–263) und Wu (222–280).

264 **265–316** Der *Ssu-ma-Klan* usurpiert die Macht in Wei. Er ruft die (Westliche) **Chin-Dynastie** aus, die für kurze Zeit das Reich eint:

2. Reichseinigung. Doch die Macht der Aristokratenfamilien mit ihren riesigen Ländereien und Privatarmeen ist auch durch Steuerreformen nicht einzudämmen und lähmt die politische Autorität des Kaisers. Zusätzlich schwächen Naturkatastrophen und Aufstände messianistischer Sekten die militärische Abwehrkraft.

311/316 Mit der Eroberung der beiden Hauptstädte des Nordens *Loyang* und *Ch'ang-an* durch die wiedererstarkten Hsiung-nu beginnt die **2. Reichsteilung:**

317–589 „Periode der Südlichen und Nördlichen Dynastien“.

Im Norden lösen sich in rascher Folge barbarische Dynastien ab (304–439: die *„Sechzehn Reiche“*), von denen nur

Die Große Mauer in Nord-Chili (Stich).

Die Ausgrabung des Kaisergrabes bei Lintung in der Provinz Schensi förderte vor wenigen Jahren lebensgroße Kriegerfiguren zutage.

Chinesische Vase
des 14. Jahrhunderts,
Ming-Dynastie.

die *Toba-Wei,* ein Hsien-pi-Stamm, einen ausgedehnten und stabilen Staat errichten können. Im Süden behaupten
386–550 sich die *„Sechs Dynastien"* unter chinesischen Herrscherfamilien.

Die Gesellschaft während der 2. Reichsteilung

Die zahlenmäßig schwachen Barbarenstämme, die in Schüben den Norden erobern und kurzlebige Dynastien errichten, stützen sich auf die vorhandene chinesische Verwaltungsstruktur. Sie übernehmen nach kurzer Zeit chinesische Lebensweise und Sitten und werden das Opfer der nachdrängenden, *„reinen" Barbaren.* Durch die Kontinuität der chinesischen Verwaltung bleibt die Bevölkerung des Nordens relativ homogen.
Der seit dem 2. Jh. aus Indien eindringende *Mahayana-Buddhismus* etabliert sich zeitweise als staatlich geförderte, vorherrschende Religion: Höhepunkt unter *Kaiser Wu der Liang* (502–549). In der Emigration des Südens herrscht ein äußerst fruchtbares intellektuelles Klima: Philosophische Schulen der Chou-Zeit leben wieder auf, vor allem der individualistische *Neo-Taoismus,* reiche Übersetzertätigkeit unter Einfluß des Buddhismus. Die wirtschaftliche und geistige Macht der *Klöster* (als Großgrundbesitzer und kulturelle Zentren) sowie ihr religiöses Privileg (Steuerfreiheit) führen zu Spannungen zwischen „Kirche" und Staat und mehrfach zu *Buddhistenverfolgungen.*

Der von Chinesen und Barbaren abstammende Militärführer *Yang Chien* (* 541, † 604) eint den gesamten Norden und sichert durch politische Intrigen und den Ausbau der Großen Mauer die Grenze gegen die T'u-ch'üch *(Türk-Völker).*

581–618 Er gründet die **Sui-Dynastie.**

589 Nach der raschen Eroberung des Südens **3. Reichseinigung.** Institutionelle Reformen (Gesetzeskodex, staatliche Beamtenprüfungen, Zensorat), sparsame Regierung und Errichtung von Militärkolonien an den Grenzen konsolidieren die Zentralmacht.

605/610 Unter seinem Sohn *Kaiser Yang* Vollendung des *Kaiserkanals,* der Hangchou mit Peking verbindet. Militärische
618 Offensiven gegen Korea und die Türken. Belastungen durch Kriege und Zwangsarbeiten schüren *Unruhen.*

618–906 Nach der Ermordung des Kaisers ruft Li Yüan (posthum Kaiser Kao-tsu) die **T'ang-Dynastie** aus.

626–649 Unter seinem Sohn *T'ai-tsung* Fortsetzung der Expansion nach Innerasien, die die sozialen Spannungen im Innern neutralisieren hilft. Ausbau han-zeitlicher Verwaltungsformen, die die Macht des Kaisers stärken sollen: Aufsplitterung der Kompetenzen, Kontrolle der Behörden durch unabhängiges Zensorat. Ideologisch zuverlässige und homogene Beamtenschaft, die sich aus den konfuzianischen Staatsprüfungen rekrutiert (Übergang von der aristokratischen zur bürokratischen Elite, die alle Gebildeten erfaßt). Dichtes Netz von Verkehrswegen (Straßen, Kanäle, Poststationen) im ganzen Reich.

690 *Kaiserin Wu* (* 625, † 705) setzt ihre schwächlichen Söhne
690–705 ab und proklamiert die **einzige Frauendynastie** der chinesischen Geschichte, die **Chou.**

712–756 Unter Kaiser *Hsüan-tsung* zivilisatorischer Höhepunkt der Tang: über den Fernhandel fruchtbare Kontakte mit fremdländischen Einflüssen (Indien, Persien, Arabien), religiöse Toleranz (Buddhismus, Islam, Nestorianismus), Blüte der Dichtkunst (Li Po, Tu Fu), Schauspielschulen, Gelehrtenakademien.

755–757 Eine Revolte des türkischen Militärführers *An Lu-shan* erschüttert die Macht des Kaisers, die nur mit fremden Hilfstruppen wiederhergestellt werden kann: Überlagerung der zivilen durch militärische Verwaltung. Versuche gleichmäßiger Landverteilung enden in Korruption und führen zur Entstehung privilegierter Latifundien.

758/793 Wiedereinführung der *Staatsmonopole* auf Salz (758), Alkohol (782) und Tee (793). *Grundbesteuerung* und *Säkularisierung* der reichen buddhistischen Klöster treffen zwar den Adel und die „Kirche" empfindlich, doch sind die erblich gewordenen Militärbefehlshaber und nicht die schwache Zentralregierung Nutznießer der Entwicklung.

875–884 In den Wirren um den *Volksaufstand unter Huang Ch'ao* bleibt General *Chu Wen* († 912) siegreich. Dessen Spätere
907–960 Liang-Dynastie leitet die Reihe der „Fünf Dynastien" im Norden ein. Im Süden wechseln in rascher Folge unbedeu-
902–979 tende Kleinstaaten (die *„Zehn Reiche")* einander ab:
902–979 **3. Reichsteilung.**

960–1279 **Die Sung-Dynastie**

Auf einem Feldzug gegen die mongolischen Kitan in der Südmandschurei proklamiert der General *Chao K'uang-yin* (Kaiser T'ai-tsu 960–976) die *(Nördliche) Sung-Dynastie:*

960–1126 **4. Reichseinigung.** *T'ai-tsu* beschneidet sofort die Macht der regionalen Militärmachthaber und unterstellt das Heer der Zivilverwaltung, er konzentriert die Zentralverwaltung, mehrere Kanzler fungieren als Berater.

990–1227 Andauernde militärische Konflikte mit den tibetischen
907–1125 Stämmen im Nordwesten *(Hsihsia-Dynastie)* und mit den Kitan im Nordosten *(Liao-Dynastie).*

1068–1076 Reformen durch *Wang An-shih* zur Wiederherstellung der Steuer- und Arbeitsgerechtigkeit: Kontrolle des Handels und der Landbesitzfluktuation, Funktionalisierung der Beamtenausbildung auf die Praxis. *Rücknahme der Reformen* durch konservative Konfuzianer (Ssu-ma Kuang).

seit 1076 *Regelmäßige Beamtenprüfungen* alle drei Jahre in drei Stufen (Provinz, Hauptstadt, Palast). Fraktionierung der Beamten („Parteien").

Die Sung-Zeit

Die **wirtschaftliche Entwicklung** der Sung-Zeit ist dem damaligen europäischen Stand überlegen. Vom 8. zum 12. Jh. verdoppelt sich die **Bevölkerung** auf *100 Millionen.* Neue Reissorten mit zwei Ernten im Jahr setzen sich durch, Aufschwung in der Eisen- und Kupferverhüttung, **technische Neuerungen** in Navigation (Kompaß) und Schiffsbau, Ausbau des Kanalnetzes zwischen Huangho und Yangtse. Finanzkräftige Kaufleute sorgen für den regen *Fernhandel* von Luxusgütern (über Innerasien und die südchinesischen Häfen), die von einem schnell wachsenden *Stadtbürgertum* und den reichen Landbesitzern konsumiert werden. Die Handelsabgaben bringen dem Staat mehr Einnahmen als die Bodensteuer. Durchsetzung des *Papiergeldes* und Ausbildung des *Bank- und Kreditwesens.* Eine weitere Durchsetzung frühindustrieller Ansätze wird jedoch durch die finanzielle Belastung der Mongolenkriege (Steuerflucht der Großgrundbesitzer, Geldentwertung) und die Ausbeutung Chinas unter den Yüan (Mongolen) verhindert.

Bevölkerungsentwicklung Chinas

Jahr	Zahl der Haushalte	Kopfzahl
2	12233062	59594978
140	9698630	49150220
742/755	8958334	51035543
1292	11633281	53654337
1393	10652789	60545812
1662	19137652	–
1711	24621324	–
1741	–	143411599
1775	–	264561355
1850	–	ca. 430000000

Stabilisierung der Finanzen unter *Chia Ssu-tao* (* 1213, † 1275) durch Enteignung der Großgrundbesitzer (gegen Steuergutscheine, Beamtenpatente und Geld) verschärft die Spannungen und schwächt die Zentralmacht.

Temudschin (* 1155 oder 1167, † 1227), seit 1206 Dschingis-Chan, der die Mongolen in einer Stammeskonföderation eint, beseitigt die Herrschaft der Dschürtschen in Nordchina (1211–1216) und erobert Peking (1215).

1227/1234 Vernichtung der Hsi-hsia und der Chin.

1271/1280 **Kublai Chan** (1259–1294) proklamiert die **Yüan-Dynastie**
1280–1368 („Uranfang“, der erste Dynastiename in China, der nicht auf einer geographischen Bezeichnung oder einem Sippennamen beruht).

1274/1281 Zwei Invasionen Japans schlagen fehl.

Das Weltreich ermöglicht rege Kommunikation mit dem Ausland (*Marco Polo* * 1254, † 1324; – in Kublais Diensten), große religiöse und ethnische Toleranz, in China entsteht Literatur in Volkssprache, Industrialisierung des Handwerks, Porzellanmanufakturen, die für den Export arbeiten.

1276–1279 Eroberung des Reststaates der Südlichen Sung: ganz China ist *Teil des mongolischen Weltreichs*. Die zahlenmäßig sehr schwachen Mongolen errichten eine *Militärdiktatur* über China. Aufteilung des Volkes in vier Gruppen: Mongolen, Fremde, die in mongolischen Diensten stehen, Nordchinesen und an unterster Stelle die Südchinesen (als Nachfolger der Sung). Die Spitzen der übernommenen chinesischen Verwaltung werden von Mongolen und Nicht-Chinesen besetzt (Spannungen mit den chinesischen Beamten).

ca. 1350 Die durchgängige Einführung von ungedecktem Papiergeld läßt den Handel zusammenbrechen, innere Zwiste der mongolischen Klane und Aufstände der unterdrückten Chinesen führen zum Erfolg des ehemaligen buddhistischen Novizen *Chu Yüan-chang* (* 1328, † 1398), der mit Unterstützung der Bauern und der traditionellen Bildungs-
1368–1644 elite die Mongolen von Süden her vertreibt und die **Ming** (die „Helle“) als **letzte nationale Dynastie** Chinas gründet.

1368–1398 Chu Yüan-chang zieht als Kaiser *T'ai-tsu* alle Regierungsgeschäfte an sich, absoluter Herrscher mit „despotischen“ Zügen (totale protokollarische Unterordnung der Beamten). Das „Innere Kabinett“, Militär und Zensorat haben nur beratende Funktion. Die dreifach geteilte Provinzverwaltung (eigentliche Verwaltung, Militär und

Rechtsbehörde) ist unmittelbar dem Pendant im Zentrum verbunden. Beamte dürfen nicht in der Heimatprovinz Posten bekleiden. Landverteilungen und Maßnahmen zur Steuergerechtigkeit für die Bauern; Neubesiedlungsprojekte und Arbeitskolonien für die Besitzlosen.

1403–1424 Unter *Ch'eng-tsu* weitere *Stärkung der Zentralmacht;* stellt Eunuchen für bestimmte politische Aufgaben ein. *Ausbau der Flotte* und des Überseehandels.

1405–1433 Unter dem Eunuchen *Cheng Ho* See-Expedition nach *Afrika*. Reiche Importe („Tribute") an Kupfer, Elfenbein und Nutzhölzern. Konfuzianische Opposition und eine Reihe schwacher Herrscher lassen Seehandel und Flotte verfallen.

um 1550 Ansteigen *japanischer Piraterie* an der Südküste, Cliquenwirtschaft unter den Beamten, Bürokratisierung und Günstlingswesen der Eunuchen am Hof.

Verfestigung der konfuzianischen Orthodoxie (Akademien), dagegen *„intuitionistische"* Philosophie *Wang Yangmings* (* 1472, † 1528).

1577 Portugiesen in *Macao*.

1593–1598 Ein aufwendiger Kriegszug nach Korea, Palastintrigen und die extreme Verschwendungssucht am Hof lähmen die Zentralmacht.

Ende 16. Jh. *Wirtschaftliche Prosperität* des Ming-Reiches: Entstehen eines städtischen Proletariats und Kleinbürgertums, Kapitalakkumulation bei Banken und Großhändlern, Seiden- und Baumwollspinnereien, Großproduktion von Keramik, landwirtschaftlichen Maschinen, Bodenverbesserung, Bewässerung, neue Nutzpflanzen (Süßkartoffel, Erdnüsse, Tabak, Mais).

nach 1600 Mit den europäischen Seefahrern beginnt die *christliche China-Mission*.

1601–1610 Der Jesuit *Matteo Ricci* (* 1552, † 1610) lebt in Peking.

um 1630 Hungersnöte führen zu Volksaufständen im Norden.

In der Mandschurei eint *Nurhaci* (* 1559, † 1626) mehrere *tungusische Stämme* (Nachfahren der Dschürtschen) und etabliert mit Hilfe chinesischer Berater einen starken Staat, der in Militäreinheiten *(„Banner")* organisiert ist. 1616 Ausrufung zum Chan, Allianz mit den Mongolen und Expansionspolitik gegen China, die unter seinem Sohn *Abahai* (1626–1643) erfolgreich fortgesetzt wird.

1635 Einführung der Selbstbezeichnung **Mandschu.**

1636/1644 Proklamation der **Ta-Ch'ing-Dynastie** – die „Große Klare" – **(bis 1912).**

1644 Nach dem Selbstmord des letzten Ming-Herrschers etablieren die um die Nachfolge rivalisierenden Bandenführer *Li Tzu-ch'eng* († 1645) und *Chang Hsien-chung* († 1647) Teilstaaten von kurzer Dauer. Die Mandschuren profitieren von den Volksaufständen und spielen deren Führer geschickt gegeneinander aus.

1644–1661 Unter der Regentschaft seines Onkels *Dorgon* († 1650) wird *Fu-lin* unter der Regierungsdevise *Shun-chih* Kaiser. Die von den Ming enttäuschte Oberschicht Nordchinas fügt sich rasch der Macht der Mandschuren, die ihre Privilegien sichern, und läßt die Führer der Volksaufstände fallen. *Ming-Loyalisten* ziehen sich in den Süden zurück, wo sie regional noch längere Zeit Widerstand leisten.

1645 Mandschurische Kleidung und Haartracht (Zopf) wird allen Chinesen vorgeschrieben, Verbot der mandschurisch-chinesischen Zwischenheirat.

1662 Die Mandschuren beherrschen das Festland. Der Emporkömmling *Koxinga* († 1662) vertreibt die Holländer aus Taiwan und knüpft mit den Engländern Handelsbeziehungen.

1683 *Taiwan* wird dem Reich einverleibt. Der Süden bleibt während der gesamten Ch'ing-Herrschaft ein potentieller Unruheherd, Ausgangspunkt *nationalistischer Geheimgesellschaften*. Reaktion des Hofes ist die gezielte Benachteiligung des Südens (geringe Beamtenquoten, Vernachlässigung der Flotte). Drei lange regierende Kaiser, die nach ihren Regierungsdevisen *K'ang-hsi* (1662–1722), *Yung-cheng* (1723–1735) und *Ch'ien-lung* (1736–1795) genannt werden, konsolidieren die mandschurische Herrschaft und führen das Ch'ing-Reich zu seiner politischen und wirtschaftlichen Blüte.

1689 Im russisch-chinesischen Vertrag von *Nertschinsk* – dem
7. Sept. ersten zwischen China und einer europäischen Macht – wird der vorläufige Grenzverlauf geregelt, nachdem die Ostexpansion der Russen auf chinesischen Widerstand im Amurgebiet gestoßen ist.

Im ergänzenden Abkommen von *Kiatcha* (21. Oktober 1727) wird die Grenze längs Amur und Argun (etwa der heutigen entsprechend) festgelegt. Rußland darf in Peking eine Faktorei und eine Kirche unterhalten.

Der westmongolische Stamm der *Dsungaren* versucht ein *lamaistisches Großreich* zu errichten: Unter dem ehemaligen Lama *Galdan* († 1697) erobern sie Ostturkestan (1678/79) und fallen sogar in die äußere Mongolei ein (1686).

1696 Überlegener Sieg chinesisch-mandschurischer Truppen über die Dsungaren.

1720 Vertreibung der Dsungaren aus Tibet, die nach Thronwirren Lhasa und andere wichtige Orte erobert haben (1717/1718).

1751 *Tibet wird chinesisches Protektorat.*

1756/57 Endgültige Niederwerfung der Dsungaren und Massakrierung ihres Adels. Im Tarimbecken, den „Neuen Grenzgebieten" (Sinkiang), wird ein chinesischer Militärgouverneur eingesetzt.

1790 Sieg über die in Tibet eingefallenen nepalesischen *Gurkhas,* Südhänge des Himalaya werden tributpflichtig. Größte Ausdehnung des chinesischen Vielvölkerstaates.

„Aufgeklärter Absolutismus" und Höhepunkt der Ch'ing-Macht (17./18. Jh.)

Wie alle Fremddynastien stehen die Mandschuren vor der doppelten Aufgabe, mit einem zahlenmäßig kleinen Volk die etablierte Verwaltung eines Riesenreiches zu übernehmen, ohne ihre ethnische Identität und privilegierte Stellung aufzugeben. Trotz der strikten sozialen und ethnischen Trennung beider Völker unterwirft sich die mandschurische Oberschicht vollkommen dem chinesisch-konfuzianischen Bildungsideal, das sie in seiner konservativen Form hochhält. Für die chinesische Grundbesitzer- und Beamtenklasse („Gentry") werden die *Eroberer* zu den *wahren Sachwaltern der konfuzianischen Tradition.*

Die Verwaltung ist nach dem Muster der Ming organisiert, jedoch sind alle höheren Ämter mit Chinesen und Nicht-Chinesen (Mandschuren, Mongolen) doppelt besetzt. Provinzen sind Gouverneuren, mehrere Provinzen einem Generalgouverneur, *„Vizekönig",* unterstellt.

Der K'ang-hsi-Herrscher stärkt die Zentralmacht durch die gnadenlose Unterdrückung der rebellierenden Ming-Loyalisten, sein Sohn (Yung-cheng) institutionalisiert die absolute Macht des Kaisers: 1729 ersetzt er das schwerfällige *„Innere Kabinett"* durch den Staatsrat als informelles Beratungsorgan. Er unterbindet den Einfluß kaiserlicher Verwandter und schließt Eunuchen von höheren Ämtern aus. Scharfe Kontrolle der Beamten und ein ausgeklügelter Informationsdienst in der Bevölkerung (paochia): *Polizeistaat.* Reorganisation der Gesetzgebung, Vereinfachung des Finanzwesens durch eine effiziente Einheitssteuer (wahlweise Geld oder Naturalien). Beamtengehälter werden erhöht, um willkürliche Zusatzforderungen zu verhindern. *Allgemeiner wirtschaftlicher Wohlstand.* Überseehandel bleibt auf

Kanton beschränkt (Co-hong, *„offizielle Gilde"* von 9 chinesischen Kaufleuten). Er macht nur ein Sechstel des stark angewachsenen Binnenhandels aus (Reis, Obst, Tabak, Indigofera, Salz).
In den *Staatsprüfungen* wird ein *wirklichkeitsfremdes,* neokonfuzianisches *Wissen* abverlangt. Unter kaiserlicher Ägide Edition von bibliographischen und enzyklopädischen Sammelwerken. Dagegen treiben antitraditionalistische, unabhängige Gelehrte historische Studien, die das konfuzianische Weltbild zu erschüttern beginnen. *Meisterwerke* der offiziell ignorierten umgangssprachlichen *Romanliteratur.*
Anfangs stehen die *katholischen Missionare* wegen ihrer wissenschaftlichen Kenntnisse in kaiserlicher Gunst: *Adam Schall* aus Köln († 1666) ist Leiter des Astronomischen Büros in Peking. Eifersüchteleien der Orden und Mißgunst der Konfuzianer führen aber zum Niedergang der Mission, der durch den *Ritenstreit* 1705 besiegelt wird: Der Papst untersagt den Jesuiten die pragmatische Duldung konfuzianischer Bräuche.

Mit dem Ende des Jh.s ist der Zenit der Ch'ing-Dynastie überschritten: Der mandschurische Banneroffizier *Hoshen* († 1799) erringt die Gunst des alternden Ch'ien-lung-Kaisers (um 1780) und bereichert sich in astronomischen Ausmaßen. Symptom des wirtschaftlichen und militärischen Verfalls. Rücknahme der Steuergesetze unter dem Druck der Gentry, Korruption, Willkür und die Unfähigkeit der Beamten, die enorm anwachsende Bevölkerung zu versorgen, führen zu Unruhen im Inneren:

1795–1803 Feldzug gegen die Geheimsekte *„Weißer Lotus".*

Von außen drängen die Engländer immer stärker auf den
1793/1816 chinesischen Markt und vermehren die Unzufriedenheit der Bevölkerung. Zwei diplomatische Missionen Lord *Macartneys* (1793) und Lord *Amhersts* (1816) um Erleichterung des Handels bleiben ergebnislos. Dank der großen *Tee-Exporte* ist die chinesische Handelsbilanz zunächst aktiv.

seit 1816 Mit der massiven Ausweitung des Opiumexports nach China durch die Ostindische Kompanie Abfließen des Silbergeldes. Opiumsucht im Volk und Korruption der Beamten.

1839 Der kaiserliche Kommissar *Lin Tse-hsü* erzwingt die Vernichtung der englischen Opiumvorräte in Kanton und den Abzug der Engländer.

1840–1842 **Opiumkrieg:** Eine kleine englische Flotte erobert Küstenstützpunkte bis Shanghai.

1842 Kapitulationsbereitschaft einflußreicher Hofkreise ermöglicht den *Vertrag von Nanking:*

29. Aug. Kriegsentschädigung an Großbritannien, Öffnung von fünf Vertragshäfen, Abschaffung des Handelsmonopols der chinesischen Kaufleute (Co-hong) und *Abtretung von Hongkong.*

1843 Im *Zusatzvertrag von Hu-men* erzwingen die Briten die *Meistbegünstigungsklausel,* Beginn der ‚ungleichen' Verträge.

1844 Durch weitere Abkommen mit den USA und Frankreich verliert China seine Zollautonomie und muß extraterritoriale Zugeständnisse machen.

China wird von ausländischen Waren überschwemmt, wachsende Fremdenfeindlichkeit und Verweigerung der Zusammenarbeit. Zunehmende Aktivität von *Geheimgesellschaften* in Südchina, die im erfolglosen Examenskandidaten *Hung Hsiu-ch'üan* (* 1813, † 1864) einen charismatischen Führer finden. Seine Lehre aus antimandschurischen, religiösen (besonders christlichen) und sozialrevolutionären Elementen zieht Randgruppen und unterdrückte Minderheiten an.

1851 Ein Jahr nach Ausbruch des von Hung geführten **T'ai-p'ing-Aufstandes** (1850–1864) gründet er selbst das *„Himmlische Reich des allgemeinen Friedens",* in dem Privateigentum abgeschafft, Land nur zur Nutzung vergeben wird und Frauen mit Männern gleichberechtigt sind.

1853–1856 Die T'ai-p'ing kontrollieren den Großteil Süd- und Südostchinas. Der Hof in Peking ist machtlos, doch bauen chinesische Großgrundbesitzer Milizen auf, die die zerstrittenen Aufständischen in die Defensive drängen.

1853–1868 Rebellion des *Nien-Bundes* (Honan, Anhui).

1854–1872 Aufstand der *Miao-Minderheit* in Kueichou. Heftige *Mohammedanerkriege* in Yünnan (1855–1873), Shensi und Kansu (1862–1878) und in Turkestan (1866–1877) unter dem Uigurenführer Yakub Beg, die von *Tso Tsung-t'ang* niedergeschlagen werden.

1858 Juni Frankreich und Großbritannien nutzen die Schwäche der Zentralregierung und erzwingen den *Vertrag von Tientsin:* Akkreditierung von Gesandten in Peking, Öffnung von weiteren Häfen, Freizügigkeit für westliche Kaufleute und Missionare.

1860 Ratifizierung des Vertrages nach militärischer Strafexpedition und *Zerstörung des Sommerpalastes* in Peking: Tientsin wird Freihafen, Kowloon an England abgetreten, *Opiumhandel legalisiert,* Zollerleichterungen, Öffnung chinesischer Binnengewässer für fremde Schiffe. Rußland erhält durch die Verträge von *Aigun* (1858) und *Peking* (1860) das Gebiet zwischen Ussuri und Pazifik. *Gründung von Wladiwostok.*

1864 Die Führer der Huai-Armee, *Tseng Kuo-fan* und *Li Hung-chang,* vernichten mit Unterstützung der Engländer die T'ai-p'ing. Bekräftigung des Bündnisses zwischen mandschurischer Regierung und chinesischer Oberschicht, steigender Einfluß regionaler Militärmachthaber (Modell der späteren „Warlords"). Zu gleicher Zeit brechen in anderen Teilen des Reiches Aufstände aus, die jedoch keine gemeinsame Front mit den T'ai-p'ing bilden.

Die T'ung-chih-Restauration (1862–1874)

Als Regent für den minderjährigen T'ung-chih-Kaiser verfolgt *Prinz Kung* eine *Politik der Konzilianz.* 1861 Gründung eines *„Außenministeriums"* (tsung-li ya-men) in Peking. Während die konservative konfuzianische Beamtenschaft Agrarreformen betreibt (Neulanderschließung in der Mongolei und Sinkiang, Bewässerungskontrolle), beginnen die siegreichen Generäle Tseng, Tso und Li durch den Import westlicher Technologie eine für vordringlich erachtete *Rüstungsindustrie* aufzubauen: Kanonen- und Munitionsfabriken, Werften. Daneben werden Kohlengruben, Hüttenwerke, Baumwollspinnereien und Textilwerke errichtet.
Die *Versuche der „Selbststärkung"* bleiben jedoch stecken: die überstürzte Industrialisierung scheitert an mangelnden Arbeitskräften und Fachkenntnissen sowie am fehlenden chinesischen Kapital (Übernahme der Werke durch westliche Firmen). Da die Modernisierungsbestrebungen der der T'ung-chih-Ära von *Konservativen* getragen werden, werden zwar neue Fächer gelehrt, das Prüfungswesen reorganisiert und die Korruption eingedämmt, doch an den traditionellen Vorrechten der konfuzianisch gebildeten, technisch inkompetenten (und wissenschaftsfeindlichen) Beamtenschaft, die das Haupthindernis darstellen, wird nicht gerüttelt.
China wird zu einem *halbkolonialen* Staat, der von der Küste und den Grenzen her sowie längs der Flüsse in *westliche Einflußsphären* aufgeteilt wird. Die totale Kolonisierung wird durch die Konkurrenz dieser Mächte untereinander verhindert und erübrigt sich, solange die chinesische *Regierung als willfährige Marionette* die fremden Interessen durchsetzt. Es ist China unmöglich, dem aufgezwungenen ökonomischen Druck zu entgehen, da es fast die Hälfte seiner Staatseinnahmen Importen verdankt. Bis 1893 wird hauptsächlich *Opium* eingeführt, danach *Baumwollstoffe.* Durch ausländische Konkurrenz große *Exporteinbußen:* Seide aus Japan, Indien und Japan brechen das Teemonopol. Rasche Geldentwertung.

1874/1879 *Übergreifen imperialistischer Mächte* auf Staaten, die von China als tributpflichtig betrachtet werden. Annam wird französisches Protektorat (1874), Japan „öffnet" Korea (1876) und annektiert die Ryukyu-Inseln (Okinawa, 1879).

1882 Im *Frieden von St. Petersburg* Rückgabe des Ili-Gebietes an China.

1884 Franzosen zerstören die chinesische Flotte und die mit ihrer Hilfe erbauten Werften von Fuchou; Burma wird englisches Protektorat (1885), Macao wird portugiesisch (1887).

Trotz *Militärreformen* (Akademie von Tientsin und [seit 1888] Aufbau der Pei-yang-Flotte durch Li Hung-chang nach westlichem Vorbild) vernichtende und demütigende

1894/95 *Niederlage* im **chinesisch-japanischen Krieg.**

1895 *Friede von Shimonoseki:* Taiwan, die Inselgruppe der Peskadoren in der Formosastraße und Liaotung (das später an Rußland verpachtet wird) an Japan abgetreten, Korea unabhängig, Öffnung weiterer Häfen.

1897 *Deutsche Truppen* besetzen *Tsingtau* (Dez.).

1898 *Kiautschou* (Kiaochow, Provinz Shantung) muß an das
6. März Deutsche Reich verpachtet werden. Im gleichen Jahr erhält Rußland *Port Arthur* (Lü-shun) und Taljen (Dairen) sowie Bahnbaurechte in der Mandschurei. *Wai-hai-wei* (Shantung) wird britisch, *Kuang-chou-wan* (Kuangtung) französisch.

K'ang Yu-wei (* 1858, † 1927), Liang Ch'i-ch'ao (* 1873, † 1929) und T'an Ssu-t'ung (* 1865, † 1898) propagieren *Reformen nach japanischem Vorbild.* K'angs Neuinterpretation des Konfuzianismus integriert geistige Strömungen des Ostens und Westens (Darwinismus) zu einer weltumspannenden Utopie, die nationale und soziale Schranken überwinden soll.

1898 Nach bescheidenen Reformansätzen durch den aufge-
11. Juni schlossenen *Kuang-hsü-Herrscher* (1875–1908) endet die
–21. Sept. *„Reform der 100 Tage"* im *Staatsstreich* der *Kaiserinwitwe Tz'u-hsi* (* 1835, † 1908) und des starken Mannes *Yüan Shih-k'ai* (* 1859, † 1916). K'ang und Liang fliehen, T'an wird hingerichtet, Kaiser Kuan-hsü bis zu seinem Tode gefangengehalten.

In Nordchina bilden sich Banden von Bauern, die durch Industrialisierung und Naturkatastrophen verarmten, Mitgliedern des abgesunkenen Mittelstandes und entlassenen Soldaten, die in den sozial privilegierten Fremden und ihren technischen Errungenschaften die unmittelbare Ursache ihres Elends erkennen.

1899 Sept./Nor. Die USA erklären einseitig die *„Politik der Offenen Tür“*, die allen Staaten die gleichen Handelschancen in China garantiert.

1900 **I-ho-ch'üan-Aufstand** („Faustkämpfer für Recht und Einigkeit“, vom Westen als „Boxer“ ironisiert), der sich mit Duldung der Hofclique um Tz'u-hsi rasch ausbreitet.

19. Juni *Ermordung des deutschen Gesandten* von Ketteler und Belagerung des Gesandtschaftsviertels von Peking.

21. Juni Offizielle **Kriegserklärung Chinas** an die Westmächte.

16. Aug. **Gemeinsames Expeditionskorps** von Deutschland, England, Frankreich, Rußland, den USA, Japan, Österreich-Ungarn und Italien erobert Peking.

1901 7. Sept. **Boxerprotokoll:** Hohe Kriegsentschädigung, Sühnegesandtschaften, Verbot der Waffeneinfuhr und fremdenfeindlicher Aktionen.

1904/1905 **Russisch-japanischer Krieg,** der weitgehend auf chinesischem Boden ausgetragen wird. Mandschurei in russische und japanische Zone geteilt.

1905 *Abschaffung des alten Prüfungssystems* vom 7. Jh. und Aufhebung des Heiratsverbots zwischen Mandschuren und Chinesen.

1908 Nov. 1909 Nach dem Tod von Kuang-hsü (wahrscheinlich von Tz'u-hsi ermordet, die einen Tag später stirbt) wird der dreijährige P'u-i mit der Regierungsdevise *Hsüan-t'ung* (1909–1911) der letzte Kaiser von China. Um wenigstens die Loyalität des Heeres zu sichern, entläßt sein für ihn regierender Vater, *Prinz Ch'un,* sofort den Oberbefehlshaber *Yüan Shih-k'ai.*

Seit der Jahrhundertwende studieren immer mehr Chinesen im Ausland (vor allem Japan) und agitieren gegen die Ch'ing-Herrschaft. Der aus einer kantonesischen Bauernfamilie stammende **Sun Yat-sen** (* 1866, † 1924) wird 1879–1883 auf Hawaii anglikanisch erzogen, studiert (bis 1892) Medizin in Hongkong und organisiert (seit 1895) in Südchina mit Unterstützung der Auslandschinesen Aufstände der *Geheimgesellschaften* gegen die Mandschuren. Zusammenfassung mehrerer politischer Gruppen zum *„Einheitsbund“* (T'ung-meng-hui) in Tokio (20. August 1905). Sun ist der unbestrittene Führer. Sein politisches Ziel ist es, nach der Revolution in einem Drei-Stufen-Programm (3 Jahre Militärregierung, 6 Jahre provisorische Verfassung) die *parlamentarische Demokratie* einzurichten. Gleichheitsideal, das den bestehenden Besitz erhält, jedoch dem Staat den künftigen Wertzuwachs zuteilt. Lehre von den *Drei Volksprinzipien* (Nationalismus, republikanische Verfassung und Sozialismus in Gestalt einer Agrarreform). Anhänger Suns organisieren mehrere örtlich begrenzte Revolten in allen Teilen des Reiches.

1911 Nach einem Garnisonsputsch in *Wu-ch'ang* am Yangtse
10. Okt. kommt es zur Revolution gegen die kaiserliche Regierung.

29. Dez. Nachdem der wiederberufene *Yüan Shih-k'ai* zwischen der Regierung und den Aufständischen vermittelt hat, wird *Sun Yat-sen* zum provisorischen *Präsidenten proklamiert.* **Gründung der Republik China.**

1912 Nach der Abdankung des Kaisers tritt Sun freiwillig zu-
12. Febr. rück, um einen Bürgerkrieg abzuwenden.

10. März Dadurch ist der Weg für die **Präsidentschaft Yüans** frei.

12. Aug. Sun gründet die **Kuomintang** (KMT: „Nationalchinesische Volkspartei").

1913 Aus den ersten Wahlen geht die KMT als Siegerin hervor
Jan. und widersetzt sich den Alleinherrschaftsansprüchen Yüans.

April Ein *Fünf-Mächte-Konsortium* (England, Frankreich, Deutschland, Rußland, Japan) gewährt Yüan unter Umgehung des Parlaments eine stattliche „Reorganisationsanleihe", die dieser zur Stärkung seiner innenpolitischen Macht (Finanzierung des Militärs) verwendet. Gleichzeitig entledigt er sich führender Reformpolitiker: Ermordung *Sung Chiao-jens* am 23. März 1913 und Flucht Suns nach Japan.

Juli Mit der Absetzung der KMT-Provinzgouverneure löst Yüan die *„Zweite Revolution"* aus: Mehrere Provinzen, die
4. Nov. sich unabhängig erklären, werden binnen zwei Monaten von Yüans Armee geschlagen. Illegalisierung der KMT.

1914 Nach der Auflösung des Parlaments per Dekret regiert
10. Jan. *Yüan* als *Militärdiktator* und strebt die Wiedererrichtung der Monarchie an.

23. Aug. *Japan* erklärt dem Deutschen Reich den Krieg und *besetzt die deutschen Pachtgebiete* auf Shantung (Tsingtau fällt am 7. November 1914).

1915 Die *„21 Forderungen"* Japans, die auf die Übernahme aller
18. Jan. deutschen Rechte und Investitionen hinauslaufen, werden im wesentlichen von Yüan angenommen und führen zu anti-japanischen Protestaktionen.

1916 Nach dem Tod *Yüan Shih-k'ais* politische Desintegration:
6. Juni regionale Militärcliquen herrschen mit ihren Privatarmeen.

1917 **Kriegserklärung Chinas** an die Mittelmächte. Suns Ver-
14. Aug. such, von Kanton aus eine Regierung aufzubauen, schei-

tert. Die 1915 von *Ch'en T'u-hsiu* (* 1879, † 1942) gegründete Zeitschrift Hsin ch'ing nien *(„Neue Jugend")* wird zum Forum der jungen Intellektuellen, welche die Übernahme westlicher Zivilisation und Technologie fordern. Das schnell wachsende *Industrieproletariat* (zwischen 1915 und 1922 Verdoppelung auf zwei Mio.; 200000 Chinesen arbeiten während des Weltkrieges in Europa) ist zur Hälfte in Unternehmen beschäftigt, die in ausländischer Hand sind: Arbeitskämpfe werden zu „nationalen" Auseinandersetzungen.

1919 4. Mai *Blutige Studentendemonstration* in Peking: Als im geheimen Einverständnis zwischen den Großmächten die ehemaligen deutschen Rechte in China auf Japan übergehen sollen, bricht ein nationaler Entrüstungssturm los, der im ganzen Land in Streiks und Boykotts japanischer Waren kulminiert. Die **„Vierte-Mai-Bewegung"** ist die erste Nationalbewegung Chinas. Als kulturelle Erneuerung bekämpft sie die konfuzianische Tradition (Einführung der Umgangssprache als Schriftsprache) und fördert durch das gestärkte Nationalbewußtsein die Aufnahme neuer Ideen (Dewey, Tagore und Bertrand Russell werden begeistert empfangen). Viele Intellektuelle wenden sich dem Marxismus zu; enttäuscht vom Verrat Japans und der Westmächte sehen sie im Weg der *Sowjetunion,* die 1918/1919 von sich aus auf alle Vorrechte aus den „ungleichen Verträgen" verzichtet, die einzige Möglichkeit, China von imperialistischer Abhängigkeit zu befreien.

1921 Juli In Shanghai wird die **Kommunistische Partei Chinas** (KPCh) in Anwesenheit von 13 Delegierten sowie des Komintern-Beauftragten *G. Maring* (Henricus Sneevliet) gegründet. Die Mitglieder der Partei rekrutieren sich weitgehend aus marxistischen Studienzirkeln, die nach der *Bewegung vom 4. Mai* in vielen Städten entstanden sind. Zu den geistigen Führern der Partei zählen die Professoren *Li Ta-chao* und *Ch'en Tu-hsiu* (erster Generalsekretär der Partei).

1922 Aug. Die KPCh erklärt sich unter Druck der *Komintern* nach einer anfänglich radikal-revolutionären Phase zu einem Bündnis mit der KMT *Sun Yat-sens* bereit. Die Kommunistische Partei bleibt zwar bestehen, doch treten ihre Mitglieder einzeln der KMT bei und bilden in ihr einen *„inneren Block"*. Diese Allianz gehen die Kommunisten in der Hoffnung ein, die guten Kontakte der KMT zur Arbeiterschaft nutzen und die Partei Suns im Laufe der Zeit unterwandern zu können. Dagegen ist der von den Westmächten und seinen bisherigen Verbündeten enttäuschte Sun Yat-sen vor allem an materieller Unterstützung durch die Sowjetunion interessiert.

1923 In einem *Gemeinsamen Manifest* vereinbaren Sun Yat-sen
26. Jan. und der sowjetische Gesandte *Adolf A. Joffe* die Zusammenarbeit von KMT und Sowjetunion beim Aufbau einer schlagkräftigen Armee sowie einer straff organisierten Partei in China. Durch geschickte Mobilisierung der chinesischen Bevölkerung gegen die imperialistischen Mächte wächst die Mitgliederzahl der KPCh rasch an und damit auch der Einfluß der Kommunisten in der KMT. Die kommunistische Massenbasis bildet vornehmlich die städtische Arbeiterschaft, aber auch der Einfluß auf die *Bauernbewegungen* kann erweitert werden, deren Bedeutung vor allem einer der Gründer der KPCh hervorhebt: **Mao Tse-tung** (* 1893, † 1976). Die kommunistische Bewegung gefährdet somit nicht nur die Interessen des *Großbürgertums,* auf dessen Unterstützung die KMT sich angewiesen glaubt, sondern rüttelt auch an der Vormachtstellung der *ländlichen Gentry,* die einen beträchtlichen Teil des Offizierskorps der KMT-Armeen stellt. Die Widersprüche sind unlösbar; dennoch bleiben die Kommunisten unter dem Druck Stalins und der Komintern im Bündnis.

1925 *Sun Yat-sen stirbt.* Im Verlauf der nun ausbrechenden
12. März Nachfolgekämpfe spaltet sich die KMT in einen rechten und linken Flügel.

20. März **Chiang Kai-shek** (* 1887, † 1975) steigt nach einem Militärputsch zu einem der wichtigsten Führer in der KMT auf.

1. Juli In Kanton wird von der KMT die **„Nationalregierung der Republik China“** errichtet.

1926 Beginn des beinahe zwei Jahre dauernden *Nordfeldzugs*
Juli gegen die Militär-Machthaber. Obwohl die Kommunisten der KMT wichtige Hilfe leisten, verschärft Chiang Kai-shek seine antikommunistischen Aktionen.

1927 Auch zwischen dem linken Flügel der KMT, der in Wu-
März han/Hupei eine Regierung bildet, und den Kommunisten
12. April wachsen die Spannungen. Den Höhepunkt der Kommunistenverfolgung bildet ein blutiges Massaker, das Chiang Kai-shek in Shanghai und Nanking unter ihnen und in den von ihnen kontrollierten Arbeiterorganisationen anrichtet.

15. Juli Der linke Flügel der KMT bricht mit den Kommunisten, schließt sie aus der Regierung aus und verfügt ihre Be-
26. Juli kämpfung, nachdem Stalin zur Aufstellung eigener kommunistischer, bewaffneter Verbände sowie zur kommunistischen Machtübernahme aufgefordert hat. Nach erfolg-

losen militärischen Aufständen sammeln *Chu Teh* und Mao Tse-tung die Reste der kommunistischen Verbände zunächst in *Chingkanshan* (Provinz Hunan), schließlich errichten sie im Grenzgebiet von West-Kiangsi und West-Fukien ein *„Sowjetgebiet"*; weitere Gründungen kommunistischer Stützpunktgebiete folgen.

1928 Febr. Die verschiedenen Flügel der KMT einigen sich wieder und wählen in Nanking eine neue Nationalregierung. Chiang Kai-shek wird Vorsitzender des Zentralen Exekutivkomitess und Oberbefehlshaber der Armee.

8. Juni Erfolgreicher Abschluß des Nordfeldzuges bald nach dem *Einmarsch von Chiangs Truppen in Peking*.

1931 18. Sept. *Japanische Truppen* fallen in die Mandschurei ein. Dadurch sowie durch Flügelkämpfe innerhalb der KMT und Aktionen der de facto selbständig gebliebenen Militärmachthaber wird der wirtschaftliche Aufbau behindert.

7. Nov. Der erste Nationale Sowjetkongreß ruft in Juichin (Provinz Kiangsi) die **Chinesische Sowjetrepublik** aus; in dieser Zeit haben die Kommunisten schon die ersten Angriffe der KMT erfolgreich abgeschlagen.

1932 18. Febr. Unter japanischer Aufsicht erhält die Mandschurei unter dem Namen **Mandschukuo** die Unabhängigkeit.

1934 Nachdem es Chiang Kai-shek gelungen ist, die Autorität der von ihm geführten Regierung gegen die oppositionellen Militärmachthaber zu stärken, kann er in dem großangelegten *5. Vernichtungsfeldzug* mit seinen Truppen die Kiangsi-Sowjets zerschlagen. Nur mit Mühe gelingt den Kommunisten die Flucht.

27. Okt. Beginn des **Langen Marsches** der Roten Armee in den Nordwesten Chinas, der im Herbst des darauffolgenden Jahres erreicht wird.

1935 Auf der *Tsunyi-Konferenz* setzt sich Mao Tse-tung in der KPCh durch (6.–8. Jan.).

1936 12.–25. Dez. Chiang Kai-shek wird in Sian (Provinz Shensi) durch eigene Truppen, die für eine Intensivierung des Widerstandes gegen Japan eintreten, inhaftiert, was die mögliche Vernichtung der Kommunisten verhindert.

1937 7. Juli Feuergefecht zwischen chinesischen und japanischen Einheiten *(Zwischenfall an der Marco-Polo-Brücke)* löst eine umfassende japanische Offensive und damit den Krieg aus. Besetzung weiter Teile Chinas, daher erneut Zweckbündnis zwischen Chiang Kai-shek und den Kommunisten.

13. Dez. Nach der Einnahme ihrer Hauptstadt *Nanking* durch die Japaner weicht die chinesische Regierung zunächst nach

CHINA III:
PHILOSOPHIE

Konfuzius (K'ung-fu-tse) in einer der ältesten Darstellungen (Abreibung von einem Steinrelief in Küfu).

Boxerkrieg in China (1900): Europäische Gefangene werden mißhandelt und chinesischen Generalen gefesselt vorgeführt (chinesischer Bilderbogen).

Hankow und im darauffolgenden Sommer nach Chungking aus. Damit kontrolliert sie nur noch den Westen und Südwesten Chinas. Die Kommunisten dagegen mobilisieren in den von Japan besetzten Gebieten den Widerstand der Bevölkerung.

Die innere Lage Chinas am Ende des Zweiten Weltkrieges

In der KPCh hat sich seit Beginn des Langen Marsches (Tsunyi-Konferenz vom Januar 1935) Mao Tse-tung durchgesetzt. Eine kompromißlose Haltung gegenüber Japan und eine ebenso pragmatische wie effektive Politik in den von ihnen beherrschten oder kontrollierten Gebieten verschafft den Kommunisten die Sympathie breiter Bevölkerungsteile und ihren Armeen großen Zulauf.
Entgegen dieser Entwicklung findet die *wirtschaftliche Konsolidierungspolitik* der KMT mit dem Ausbruch des Krieges gegen Japan und dem Verlust großer Teile Chinas ein jähes Ende. Trotz beträchtlicher Erfolge auf Einzelgebieten (Erziehung, Verkehrswesen, Finanzpolitik) gelingt kein wirklicher entwicklungspolitischer Durchbruch. Während das Ausbleiben einer durchgreifenden Landreform die Hoffnungen zerstört, die die Bauern in die KMT gesetzt haben, treiben politische Repression und die Rückkehr zu einer am *Konfuzianismus* orientierten *Gesellschaftsauffassung* die städtische Intelligenz in die Entfremdung von der Regierung. Weiteres Vertrauen kosten die zögernde Politik gegenüber Japan, innerparteiliche *Fraktionskämpfe,* administrative Inkompetenz und eine seit Anfang der vierziger Jahre zunehmende *Korruption.*
Obwohl Chiang Kai-shek die drohende Gefahr erkennt, die sich aus der Konsolidierung der Kommunisten für die Zeit nach dem Krieg gegen Japan ergibt, kann er trotz militärischer Gegenmaßnahmen und einer Blockade der von ihnen besetzten Gebiete nicht verhindern, daß sich ihre Position ständig verbessert. Im Frühjahr 1945 verfügt die *KPCh* über *1,2 Mio. Mitglieder* und kontrolliert eine Bevölkerung von fast hundert Mio. Zudem kann sie mit einer Armee von über einer Mio. Soldaten und über zwei Mio. dörflicher Milizen mit Gelassenheit das Ende des Krieges abwarten.
Die vier Jahre zwischen der *Niederlage Japans* im Zweiten Weltkrieg und dem *Sieg der Kommunisten* im chinesischen Bürgerkrieg lassen sich mit gleicher Berechtigung aus zwei Perspektiven darstellen: als Ausklang der republikanischen Ära auf dem chinesischen Festland wie als Vorgeschichte der kommunistischen Machtübernahme. Neben ihrer Bedeutung als Ablösungsphase einer revolutionären Elite durch eine andere und damit als Vor- bzw. Nachspiel im engeren chinesischen Rahmen beginnen sie in dieser Zeit auch in Fronten zu for-

mieren, die nach 1949 die internationale Szene in Asien prägen werden. Als die Kommunisten nach fast drei Jahrzehnte dauernden Kämpfen und Koalitionen mit der **Kuomintang** (KMT) die Herrschaft über China für sich allein erringen können, übernehmen sie ein von Kriegen und Bürgerkriegen zerstörtes Land. Daß ihnen trotz der zahlenmäßigen Überlegenheit ihrer Gegner und deren gewaltiger materieller *Unterstützung durch die USA* in relativ kurzer Zeit der Sieg zufällt, zeugt nicht nur für ihre militärische Schlagkraft, sondern auch für die Hoffnungen, die große Teile der Bevölkerung in sie setzen. Obwohl die Erfahrungen, die die Kommunisten bei der Verwaltung der von ihnen besetzten Gebiete in den vorangegangenen Jahren sammelten, eine bessere Ausgangsbasis als den russischen Kommunisten vor deren Machtübernahme geben, fehlen ihnen nicht nur die Kenntnisse, die zum Aufbau einer modernen Gesellschaft erforderlich sind, sondern auch das dazu notwendige Personal. So ist die Zukunft, die vor ihnen liegt, keineswegs so leuchtend, wie *Mao Tse-tung* (* 1893, † 1976), einer der Gründer der **Kommunistischen Partei Chinas** (KPCh), sie in Reden und Gedichten preist, sondern eher ungewiß, weil voller innen- wie außenpolitischer Gefahren.

1945 23. April –11. Juni **VII. Parteitag** der KPCh in *Yenan:* Mao Tse-tung legt seinen Bericht *„Vorwärts zur Koalitionsregierung“* vor. Das von Liu Shao-ch'i (* 1898 oder 1905, † 1969) entworfene Parteistatut, welches dasjenige vom 9. Juni 1928 ablöst, wird revidiert und der Beschluß gefaßt, „die Gedanken Mao Tse-tungs sowie den Marxismus zur Richtschnur“ für die Parteiarbeit zu machen.

14. Aug. Die *Sowjetunion* schließt einen *Freundschaftsvertrag* mit der geschwächten *Nationalregierung* der KMT (Kuomintang, gegründet 1912), nachdem der Kreml noch sechs Tage zuvor Japan den Krieg erklärt hat und daraufhin sowjetische Truppen große Teile der Mandschurei besetzt haben. Die UdSSR hat sich damit jene Konzessionen vertraglich gesichert, die ihr von den Westmächten auf der *Konferenz von Jalta* (4.–11. Februar 1945) für den Kriegseintritt gemacht worden sind. China muß die Unabhängigkeit der Äußeren Mongolei anerkennen und der UdSSR größere Rechte in Nordostchina einräumen, u. a. die Beteiligung an der Verwaltung der mandschurischen Eisenbahnen, die Errichtung einer Marinebasis in Port Arthur (heute: Lü-shun) sowie weitere wirtschaftliche und militärische Konzessionen in Dairen (heute: Ta-lien) auf der Liao-tung-Halbinsel.

28. Aug. Mao Tse-tung führt in Begleitung des amerikanischen Botschafters *Patrick J. Hurley* Verhandlungen in Chungking

mit dem KMT-führer Chiang Kai-shek (* 1887, † 1975) – Verhandlungsdauer bis 11. Oktober, wo beide in einer gemeinsamen Erklärung die Bereitschaft zu Frieden und Zusammenarbeit bekunden. Dennoch kommt es mehr und mehr zu militärischen Zusammenstößen.

2. Sept. *Kapitulation Japans:* Sofort danach versuchen Kommunisten und Nationalisten die von ihren Truppen besetzten Gebiete so schnell wie möglich auszuweiten. USA und UdSSR drängen die beiden Seiten zu einer friedlichen Einigung.

1946 *General George Catlett Marshall* (* 1880, † 1959), der Son-
10. Jan. derbeauftragte des amerikanischen Präsidenten *Truman,* vermittelt den Abschluß eines Waffenstillstands, der zu Beginn der Politischen Konsultativkonferenz, auf der u.a. die Bildung einer Koalitionsregierung, die Vereinigung aller Streitkräfte sowie politische und wirtschaftliche Reformen beschlossen werden, in Kraft tritt.

12. März Eine Verschärfung der innenpolitischen Lage tritt ein, als nach dem Rückzug der sowjetischen Truppen Verbände der KMT die südmandschurische Stadt *Mukden* (heute. Shen-yang) besetzen und sich weiterer Gebiete in Nordchina bemächtigen.

15. April Der frühere kommunistische Hauptunterhändler (1936–1945) mit der KMT, *Chou En-lai* (* 1898, † 1976), erklärt den Kriegszustand für die Mandschurei.

23. Juni Mao fordert die USA auf, die Unterstützung für die Natio-
15. Nov. nalregierung (KMT) einzustellen. Beginn der von Chiang Kai-shek nach Nanking einberufenen verfassunggebenden *Nationalversammlung.* Die Besetzung weiterer Gebiete durch KMT-Truppen führt zum Boykott der Nationalversammlung durch die Kommunisten, aber auch zum Boykott durch andere Parteien.

25. Dez. Inkrafttreten der *„Verfassung der Republik China"*.

1947 Im Frühjahr bricht der **Bürgerkrieg** offen aus. Mitte März evakuieren die Kommunisten *Yenan* (Provinz Shensi) und ziehen sich vor den vorrückenden Nationalarmeen zurück.

10. Okt. Nach Maos Anordnung zur Gegenoffensive verkündet die KPCh ein neues Bodengesetz, das die Enteignung der Großgrundbesitzer zum Ziel hat.

1948 Chiang Kai-shek wird von der Nationalversammlung zum
19. März Präsidenten der Republik gewählt.

29. März *Li Tsung-jen* (* 1890) Vizepräsident.

Nach Anfangserfolgen der KMT geht die militärische Initiative gegen Ende des Jahres mehr und mehr auf ihre Gegner über. Während sich immer größere Teile der Bevölkerung von der KMT abwenden, bemühen sich die Kommunisten mit einer gemäßigten Politik erfolgreich um die Bildung einer breiten Einheitsfront unter Einschluß der *„nationalen Bourgeoisie"* und kooperationsbereiter Großgrundbesitzer. Im Zuge einer Herbstoffensive dehnen sie ihre Kontrolle über die ganze Mandschurei aus.

1949 In den ersten Tagen des Jahres fallen den Kommunisten wichtige nordchinesische Städte in die Hände, darunter *Peking*.

5.–13. März Das **2. Plenum** des **Zentralkomitees** (ZK) der KPCh beschließt, den Schwerpunkt der Parteiarbeit vom Land in die Städte zu verlegen; damit kehren die Kommunisten zu der städtischen Basis zurück, die sie zwei Jahrzehnte zuvor unter dem Druck der KMT haben verlassen müssen.

Nach dem *Rücktritt Chiang Kai-sheks* (21. Jan. 1949) übernimmt Li Tsung-jen als amtierender Präsident die Regierung. Nach der Ablehnung der von den Kommunisten diktierten Friedensbedingungen gehen die kommunistischen Verbände erneut zur Offensive über. Chiang Kai-shek und zahlreiche Mitglieder der Nationalregierung müssen sich auf die Insel *Taiwan* zurückziehen, ihnen folgen 500 000 Soldaten und fast zwei Mio. Zivilpersonen.

15.–19. Juni Mao Tse-tung eröffnet in Peking die 1. Sitzung eines Ausschusses, der die Aufgabe hat, die Einberufung der Politischen Konsultativkonferenz sowie die Bildung einer Koalitionsregierung der Einheitsfrontparteien vorzubereiten.

21. Sept. In Peking tritt die **Politische Konsultativ-Konferenz des chinesischen Volkes** zusammen, an der 584 stimmberechtigte Delegierte aller Einheitsfrontparteien teilnehmen.

27.–30. Sept. Verabschiedung von zwei *Organisationsgesetzen* der Zentralen Volksregierung der Volksrepublik (VR) China und der Politischen Konsultativkonferenz sowie eines Gemeinsamen Programms.

Mao Tse-tung wird zum Ersten Vorsitzenden der Zentralen Volksregierung und damit zum neuen chinesischen

1. Okt. Staatsoberhaupt gewählt. Auf dem Tor des Himmlischen Friedens in Peking ruft Mao die **Volksrepublik China** aus und gibt die Zusammensetzung der neuen Koalitionsregierung bekannt.

Der Staatsaufbau nach dem Organisationsgesetz von 1949 und der Verfassung von 1954

Gemäß Art. 1 des Organisationsgesetzes der Zentralen Volksregierung von 1949 ist die VR China ein Staat der *„demokratischen Volksdiktatur“*, geführt von der Arbeiterklasse und getragen von einem Bündnis der Arbeiter und Bauern, die „um sich alle demokratischen Elemente und die verschiedenen Nationalitäten des Landes“ sammeln. Die übrigen 30 Artikel befinden über Struktur und Kompetenzen des Zentralen *Volksregierungsrats*, des *Staatsverwaltungsrats*, des Revolutionären Militärrats, dem die *Volksbefreiungsarmee* (VBA) untersteht, über Volksgericht und Volksstaatsanwaltschaft. An der Spitze des Staatsverwaltungsrats und der insgesamt 31 Ministerien steht der *Ministerpräsident* (von 1949 bis 1976 Chou En-lai). Obwohl die nichtkommunistischen Parteien und Verbände relativ stark vertreten sind, befinden sich alle wichtigen Positionen in der Hand der KPCh. Einfluß üben die Kommunisten vor allem über den Revolutionären Militärrat aus sowie über die sechs von den Feldarmeen aufgebauten und getragenen Regionalverwaltungen (Nordchina, Nordost-China, Nordwest-China, Ostchina, Südwest-China). Allerdings wird die relativ große Selbständigkeit dieser Regionalverwaltungen im Laufe der nächsten Jahre zugunsten der *Zentralverwaltung* abgebaut. Nach ihrer 1954 erfolgten Auflösung gliedert sich die chinesische Volksrepublik in 21 Provinzen, 5 autonome Gebiete und die zwei reichsunmittelbaren Städte Peking und Shanghai (heute auch Tientsin).

Die 1954 verabschiedete *neue Verfassung* definiert die Volksrepublik China als „Staat des Volkes geführt von der Arbeiterklasse und beruhend auf einem Bündnis von Arbeitern und Bauern“. Sie stellt auf dem Wege sozialistischer Industrialisierung und Umgestaltung die allmähliche Beseitigung von Ausbeutung und den Aufbau einer *sozialistischen Gesellschaft* in Aussicht. Grundrechte u.a.: Gleichheit der Bürger vor dem Gesetz, aktives und passives Wahlrecht, Religionsfreiheit und Recht auf Arbeit.

1950
1. Mai — Ein neues *Ehegesetz* trägt wesentlich zur Gleichberechtigung der Frau, damit aber auch zur Auflösung der traditionellen Familienstruktur bei.

30. Juni — Wie das Ehegesetz dient auch ein neues *Agrarreformgesetz* der Festigung der Macht des neuen Regimes sowie einer tiefgreifenden sozioökonomischen Umgestaltung des Landes. Im Rahmen dieses Gesetzes werden im Laufe der nächsten Jahre 43% der gesamten landwirtschaftlichen Nutzfläche neu verteilt, der Pachtzins gesenkt und die Streichung alter Pachtschulden verfügt. Damit ist dem

Großgrundbesitz die wirtschaftliche Grundlage seiner Macht entzogen.

1950/1951 *Truppen* der VR China *besetzen Tibet.*

1951
23. Febr. Mit dem Beginn der Kampagne *„Niederwerfung von Konterrevolutionären"* werden die herrschenden Schichten der alten Gesellschaft – sofern sie nicht geflüchtet oder gleich nach der Machtübernahme liquidiert worden sind – politisch entmachtet.

23. Mai Das chinesisch-tibetische *17-Punkte-Abkommen* garantiert **Tibet Autonomie** und *freie Religionsausübung;* in der Hauptstadt Lhasa werden chinesische Zivil- und Militärbehörden eingesetzt, das Land wird in drei Regionen geteilt. Einführung neuer landwirtschaftlicher Methoden, Bau von Straßen, Schulen und Krankenhäusern, Entstehen einer lokalen Kleinindustrie.

Die Wirtschaftspolitik bis zum Ende des 1. Fünfjahrplans

Der Wandel der chinesischen *Wirtschaftsverfassung* beginnt auf dem Lande mit der Ende 1951 einsetzenden Bildung von **Vereinigungen für gegenseitige Hilfe** und von **Landwirtschaftlichen Produktionsgenossenschaften.** Als weitere Aufgaben auf wirtschaftlichem Gebiet stellen sich die Beseitigung der Inflation, die Sanierung der Staatsfinanzen, der Wiederaufbau der Industrie, die Aktivierung des Binnenhandels, der dazu notwendige Ausbau der Infrastruktur sowie die Beseitigung des ausländischen Einflusses. Im Rahmen der *„sozialistischen Umgestaltung"* (Verstaatlichung, staatliches Außenhandelsmonopol, staatliche Kapitalbeteilungen u.a.) geht der private Anteil an Industrie und Handel stark zurück. Mit einer Reihe von Massenkampagnen zur Vernichtung von *„Klassenfeinden"* wird die Partei diszipliniert und die Bevölkerung im Geiste des Sozialismus umerzogen *(Drei-Anti-Bewegung, Fünf-Anti-Bewegung).*
Mit ihrem 1953 eingeführten ersten **Fünfjahrplan** schlägt die chinesische Führung einen Wirtschaftskurs ein, der sich eng an dem *Entwicklungsmodell* der *Sowjetunion* orientiert. Schwerpunkt ist die forcierte Entwicklung der Industrie, insbesondere der Schwer- und Grundstoffindustrie, die als Motor des wirtschaftlichen Wachstums angesehen wird. Konsumgüterindustrie und Landwirtschaft bleiben dagegen vernachlässigt. Während die letztere die Hauptlast bei der Kapitalschöpfung tragen muß, fließen ihr nur ca. 6,2% der staatlichen Investitionen zu. Obwohl die sowjetischen Kredite gering sind, trägt die Entsendung von über zehntausend Experten sowie die Lieferung wichtiger Investitionsgüter und technischer Pläne nicht unwesentlich zur Wirtschaftsentwicklung bei.

Trotz beachtlicher wirtschaftlicher Erfolge während des *1. Fünfjahrplans* – mit einer durchschnittlichen jährlichen Steigerung des Bruttosozialprodukts von ca. 6% und Wachstumsraten der Industrieproduktion von 18,5% – ist die weitere wirtschaftliche Entwicklung aufgrund der nur langsam gewachsenen landwirtschaftlichen Produktion gefährdet. Zu den wirtschaftlichen Problemen, die gegen eine Fortsetzung des alten Kurses sprechen (Versorgungsengpässe in Konsumgütern, fehlende Rohstoffe für die Industrie, Devisenknappheit aufgrund des Rückgangs landwirtschaftlicher Exporte) kommen gesellschaftspolitische: *Unzufriedenheit der Bauern* über die Unterschiede im Lebensstandard im Vergleich zu den Städten; *Landflucht;* Zunahme *„kapitalistischer" Tendenzen* unter den Bauern.

1953 Okt. Durch die von Mao verkündete *„Generallinie der Partei in der Übergangsperiode"* und die vom Politbüro angenommene *„Resolution über die Entwicklung von gegenseitiger Hilfe und Kooperation in der Landwirtschaft"* erfahren Kollektivierung und Sozialisierung von Handel, Landwirtschaft und Industrie eine weitere Beschleunigung. Drei Jahre später ist die Verstaatlichung von Industrie und Handel weitgehend abgeschlossen, wobei viele der ehemaligen Eigentümer als Leiter mit Gehalt und Gewinnbeteiligung abgefunden werden.

1954 Die VR China nimmt an der Genfer Konferenz über Korea und Indochina teil.

29. April Unterzeichnung eines *indisch-chinesischen Abkommens* über Handel und Verkehr zwischen dem tibetischen Gebiet Chinas und Indien.

19. Juni Auflösung der einzelnen Regionalverwaltungen: neue Gliederung in Provinzen und autonome Gebiete.

15. Sept. In Peking eröffnet Mao Tse-tung den **1. Nationalen Volkskongreß** (1226 Delegierte). Die Politische Konsultativ-Konferenz bleibt bestehen, wird jedoch in eine Dachorganisation der Einheitsfrontpolitik mit nur beratender Funktion umgewandelt.

20. Sept. Der Nationale Volkskongreß verabschiedet eine **neue Verfassung** (106 Artikel) und ergänzt diese durch ein Organisationsgesetz über den Nationalen Volkskongreß sowie vier Organisationsgesetze über den Staatsrat, die örtlichen Volkskongresse, die Volksgerichte und die Volksstaatsanwaltschaft.

27. Sept. *Mao Tse-tung* wird vom Nationalen Volkskongreß zum *Staatspräsidenten* gewählt.

30. Sept. –12. Okt. Besuch einer sowjetischen Regierungsdelegation unter Parteichef *Chruschtschow,* Ministerpräsident *Bulganin* und

Außenminister *Mikojan:* Ablehnung der chinesischen Forderung nach Rückgabe der Äußeren Mongolei, jedoch Unterzeichnung von Kreditvereinbarungen sowie Zusagen über die Rückgabe von *Port Arthur* (Lü-shun) und die Auflösung der gemischten Aktiengesellschaften in Sinkiang.

1955
31. März Die Politbüro-Mitglieder und Leiter der Regionalabteilungen Nordost- und Ostchina *Kao Kang* und *Jao Shu-shih* werden ihrer Staats- und Parteiämter enthoben. Als Gründe werden angeblich separatistische Ambitionen sowie gravierende Meinungsunterschiede über die weitere Wirtschaftspolitik, in der Kao und Jao eindeutig das sowjetische Modell favorisieren, genannt. – Zur Bekämpfung antizentralistischer Tendenzen werden die Regionalbüros aufgelöst.

18.–24. April Chou En-lai nimmt an der Solidaritätskonferenz afro-asiatischer Staats- und Regierungschefs in Bandung teil und wirbt erfolgreich um Vertrauen für die VR China.

31. Juli Mao tritt in einer programmatischen Rede vor regionalen Parteifunktionären für eine Beschleunigung der *landwirtschaftlichen Kollektivierung* ein.

10. Okt. Das **6. erweiterte Plenum** des VII. Zentralkomitees stimmt der von Mao geforderten schnelleren Kollektivierung zu. Daraufhin kommt es zum verstärkten Zusammenschluß der bäuerlichen Haushalte zu Produktionsgenossenschaften; ihnen gehören bis Ende 1956 fast alle bäuerlichen Haushalte an. Ziele dieser Maßnahmen sind u. a. Hebung des Lebensstandards der Landbevölkerung, Beschleunigung der Industrialisierung sowie Verhinderung einer „kapitalistischen Restauration“ auf dem Lande.

1956
14. Jan. Auf Betreiben Chou En-lais gibt die Partei ihre bislang geübte harte Politik gegenüber Intellektuellen auf.

25. April In einer Rede *„Über die zehn Großen Beziehungen“* beginnt sich eine erste Abkehr vom sowjetischen Entwicklungsmodell anzukündigen. Gegen den Widerstand *Liu Shao-ch'is* und anderer Parteiführer setzt sich Mao für eine weitere Liberalisierung ein.

26. Mai Lu Ting-i, Direktor der Propaganda-Abteilung des ZK, ermuntert unter dem Motto Maos – *„Laßt hundert Blumen blühen, laßt hundert Gedankenschulen miteinander wetteifern“* – die Intellektuellen zu offener Diskussion und Kritik.

1. Sept. Beginn von *Grenzstreitigkeiten* mit *Indien,* die von nun an ständig zunehmen.

7.–27. Sept. In Peking tritt der **VIII. Parteitag der KPCh** zusammen, dessen Delegierte zum ersten Mal von den Parteimitgliedern gewählt werden. Er verabschiedet ein *neues Parteistatut*. Mao wird erneut zum Parteivorsitzenden gewählt; ein Ständiger Ausschuß des Politbüros wird gebildet und die Position des Parteisekretariats gestärkt. Generalsekretär der Partei wird *Teng Hsiao-p'ing* (* 1904).

15. Nov. Mao setzt sich auf dem **2. Plenum** des VIII. ZK erneut kritisch mit der Entstalinisierungspolitik Chruschtschows auseinander und warnt angesichts der Aufstände in Ungarn und Polen die eigene Partei vor Bürokratismus, Subjektivismus und Sektierertum.

1957
27. Febr. Mao plädiert in einer Rede vor der Obersten Staatskonferenz „Über die richtige Behandlung von Widersprüchen im Volke" für eine offene Diskussion zur Austragung der auch im Sozialismus andauernden gesellschaftlichen Widersprüche. Die Kritik an der Partei und am Sozialismus, die so ermutigt allmählich einsetzt, ist unerwartet heftig und tiefgreifend; an einigen Universitäten kommt es im Juni sogar zu Studentenunruhen, die an die *Bewegung vom 4. Mai* (4. Mai 1919) erinnern. Die Partei reagiert mit einer *„Kampagne gegen Rechtsabweichler"*, deren harte Repressions- und Disziplinierungsmaßnahmen bis ins darauffolgende Frühjahr andauern und jede Opposition ersticken.

15. Okt. In einem „Vertrag über neue Technik für die nationale Verteidigung" sichert die UdSSR China technische Hilfe beim Bau eigener Atomwaffen zu.

Anfangsphasen der chinesischen Außenpolitik ab 1949

Nachdem die Zentrale Volksregierung schon am 1. Oktober 1949 von der *UdSSR* und anderen *osteuropäischen Staaten* anerkannt worden ist, folgt Anfang Januar 1950 die Anerkennung durch *Großbritannien*, die *skandinavischen Staaten*, Afghanistan, Israel, die Schweiz und Indien. Bemühungen Chou En-lais um den Ausschluß der nationalchinesischen Delegation (Taiwan) aus der UNO scheinen zunächst hoffnungsvoll, verschlechtern sich jedoch nach der *Invasion nordkoreanischer Truppen* in Südkorea (25. Juni 1950). Weiter erschwerend wirken sich der verschärfende Ost-West-Konflikt und die außenpolitisch „einseitige Anlehnung" Pekings an die Sowjetunion aus, die am 14. Februar 1950 in drei Abkommen ihren Niederschlag gefunden hat: ein gegen Japan gerichtetes Defensivbündnis, ein Abkommen über einen über fünf Jahre laufenden Kredit der Sowjetunion in Höhe von 300 Mio US-Dollar, eine Vereinbarung über den Abbau der sowjetischen Sonderrechte in Port Arthur, Dairen und an den mandschurischen Eisenbahnen. – Auch die Vernichtung der nach *Taiwan*

geflüchteten Nationalregierung scheitert, nachdem die USA nach *Ausbruch des Koreakrieges* zum Schutz der eigenen Truppen die 7. Flotte in die Straße von Taiwan schicken und so die Eroberung der Insel verhindern. – Der *Einmarsch chinesischer Truppen in Tibet,* das wieder in den chinesischen Staatsverband eingegliedert wird, belastet die Beziehungen zu Indien. Die internationale Reputation der VR China erreicht einen Tiefpunkt, als Ende Oktober *chinesische Freiwillige in Korea* intervenieren, um ein weiteres Vorrücken der UN-Verbände zu verhindern. Am 1. Februar 1951 wird die VR China daher von der Generalversammlung der UNO als *Aggressor* verurteilt.
Erst 1954 gelingt es Peking, wieder auf der internationalen Bühne präsent zu sein. Dies zeigt sich insbesondere durch die Teilnahme an der *Genfer Konferenz über Korea und Indochina* (26. April–21. Juli 1954). Eine weitere Entspannung vollzieht sich in dem seit der Tibet-Besetzung gespannten Verhältnis zu Indien; am 29. April 1954 kommt es zur Unterzeichnung eines *indisch-chinesischen Abkommens* über den Handel und Verkehr zwischen dem tibetischen Gebiet Chinas und Indien. Einen Erfolg der chinesischen Außenpolitik bildet schließlich die Teilnahme an der *Solidaritätskonferenz afro-asiatischer Staats- und Regierungschefs in Bandung* (18.–22. April 1955); hier unterstreicht Chou En-lai die Bereitschaft seines Landes zur Herstellung gutnachbarlicher Beziehungen und zu einer Politik der „friedlichen Koexistenz".

1957 2. Nov. Eine Delegation unter der Leitung Mao Tse-tungs trifft zum *40. Jahrestag der Oktober-Revolution* in Moskau ein, um an einer Konferenz kommunistischer Parteien teilzunehmen. Mao stellt die Führungsrolle der Sowjetunion im sozialistischen Lager heraus und verkündet angesichts der sowjetischen Weltraumerfolge die These, „daß der Ostwind über den Westwind die Oberhand gewonnen" habe. Trotz äußerlich demonstrierter Einigkeit kommt es über den auf dem XX. Parteitag der KPdSU eingeschlagenen Kurs zu Differenzen, insbesondere über die Politik der *friedlichen Koexistenz,* die Bewertung von Atomkriegen, die Einschätzung des parlamentarischen Weges u.a.m.

1958 5.–23. Mai Auf dem 2. Plenum des VIII. ZK in Peking setzt sich nach parteiinternen Auseinandersetzungen über den wirtschaftlichen Kurs die radikale Gruppe in der Partei um Mao durch.

17.–30. Aug. Auch auf der Sitzung des erweiterten Politbüros in *Peitaiho* (Provinz Hopei) kann sich Mao mit seiner Politik der **„Drei Roten Banner"** behaupten.

Politik der „Drei Roten Banner"

Diese Politik umfaßt die **Generallinie des sozialistischen Aufbaus,** den **Großen Sprung nach vorn** und die **Volkskommunen.** Sie ist in Ansätzen schon in Maos Zwölfjahresprogramm für die Landwirtschaft von 1955, in seiner Rede „Über die zehn Großen Beziehungen" vom April 1956 sowie in seiner Widerspruchs-Rede vom Februar 1957 erkennbar. Sie wendet sich vom sowjetischen Modell und der Forderung nach einem graduellen quantitativen Wandel ab und plädiert für eine *„ununterbrochene Revolution"* und eine gleichgewichtige Entwicklung von *Industrie* und *Landwirtschaft.* Die letztere soll über die Schaffung größerer Produktionseinheiten und eine intensivere Mobilisierung der Arbeitskraft der Bevölkerung durch Massenbewegungen zum Motor der Entwicklung werden. Von dem neuen Kurs werden nicht nur „schnellere, bessere und mehr Ergebnisse" erwartet, sondern auch eine verstärkte Weiterentwicklung des politischen Bewußtseins der Bevölkerung. Im Mittelpunkt dieser Politik steht die Volkskommune, die neue „Grundeinheit der sozialistischen Gesellschaftsordnung", welche Industrie, Landwirtschaft, Handel, Erziehung und Verteidigung umfaßt und sich in *Produktionsbrigaden* und *Produktionsgruppen* untergliedert.
Die Volkskommunen sollen das Wirtschaftswachstum fördern, die Unterschiede zwischen Stadt und Land, Kopf- und Handarbeit, Arbeiter und Bauern verringern, den Einsatz der Arbeitskräfte verbessern und den „konkreten Weg für den Übergang zum Kommunismus" erkunden. Daß dessen Erreichung kurz bevorsteht, wird immer wieder verkündet. Millionen von Menschen werden in gewaltigen Masseneinsätzen zu infrastrukturellen Arbeiten (Straßen, Bewässerungsanlagen etc.) eingesetzt. Gegen Ende des Jahres ist fast die gesamte Landbevölkerung in über 25000 Volkskommunen zusammengefaßt.
Schon gegen Ende 1958 häufen sich aber die durch Planung und Durchführung verursachten Fehlschläge in der Politik des „Großen Sprungs". Die Unzufriedenheit in der Bevölkerung wächst und äußert sich sogar in vereinzelten Fällen von aktivem Widerstand. Auf den Konferenzen in *Chengchow* (Oktober 1958), *Wuchang* (November 1958), *Wuhan* (Dezember 1958), *Chengchow* (Februar–März 1959), *Shanghai* (April 1959) müssen Korrekturen vorgenommen, das Tempo gedrosselt, Planziele herabgesetzt, die Kommunalisierung abgebaut und den Produktionsgruppen wieder größere Rechte eingeräumt werden.

1958 Beschießung der nationalchinesischen, dem Festland vor-
23. Aug. gelagerten Inseln *Quemoy* und *Matsu.* Moskau steht zwar
– 5. Okt. zu seinen Bündnisverpflichtungen im Falle eines amerika-

nischen Angriffs auf das chinesische Festland, verweigert aber die Rückendeckung für Maßnahmen zur Eroberung Taiwans. Der Konflikt beginnt damit auf die politische Ebene überzugreifen.

18. Okt. Indien protestiert formell gegen den Bau einer von China angelegten Straße durch das umstrittene *Aksai-Chin-Gebiet* im nördlichen *Kaschmir.*

1959 März In *Tibet* führen soziale Spannungen (mit chinesischen Siedlern) und Konflikte der chinesischen Behörden mit den religiösen Führern zu einem *Aufstand,* der blutig unterdrückt wird. Flucht des 14. *Dalai Lama* (* 1935) nach Indien.

27. April Auf der 1. Plenarsitzung des **II. Nationalen Volkskongresses** wird *Liu Shao-ch'i* zum Staatspräsidenten gewählt; Mao tritt freiwillig in die „zweite Führungslinie" zurück und widmet sich verstärkt der Parteiarbeit.

20. Juni Die Sowjetunion kündigt den chinesisch-sowjetischen Atomwaffenhilfsvertrag.

2. Juli – 16. Aug. Auf Konferenzen des erweiterten Politbüros und des ZKs in *Lushan* (Provinz Kiangsi) bricht die Kritik an Mao und seiner Wirtschaftspolitik offen aus, angeführt von Verteidigungsminister *P'eng Te-huai* (* 1898). Obwohl sich Mao durchsetzen kann und P'eng sowie seine Anhänger ihrer Ämter enthoben werden, muß Mao weitere Korrekturen seines Kurses hinnehmen.

30. Sept. Der sowjetische Parteichef *Chruschtschow* stattet der VR China anläßlich der Feierlichkeiten zur zehnjährigen Staatsgründung einen Besuch ab. Nach der sowjetischen Haltung bei der Quemoy-Krise von 1958, der Kündigung des Atomwaffenhilfsvertrags im Juni 1959, der mangelnden Unterstützung Pekings bei den *Grenzstreitigkeiten mit Indien* (Juli 1959) und den unverhüllten Versuchen Moskaus, sich mit Washington zu arrangieren, haben sich die Differenzen noch weiter vertieft.

seit 1960 Eine umfassende *Landreform in Tibet* bricht die traditionelle Klosterherrschaft; die sozialistische Gesellschaftsordnung Chinas wird durchgesetzt.

1960 16. April In einem Artikel des Parteiorgans *Rote Fahne* anläßlich des 90. Geburtstags von Lenin werden die *„revisionistischen Tendenzen"* der sowjetischen Politik angegriffen. Einige Wochen später zieht die Sowjetunion überraschend alle Experten aus China ab und stellt die technische Hilfe ein. Dieser Schritt sowie schwere Naturkatastrophen tragen noch weiter zur Verschlechterung der wirtschaftlichen Lage bei. Die *„Drei bitteren Jahre"* setzen ein.

Juli – Aug. Eine *Zweite Peitaiho-Konferenz* beschließt eine weitere Revidierung der Politik des „Großen Sprungs“. Die Parteipolitik wird nun zunehmend von Mitgliedern der ersten Führungslinie um Liu und Teng beherrscht; von ihnen wird die Linie *„Landwirtschaft als Grundlage und Industrie als führender Faktor“* proklamiert, mit der es nun verstärkt zu Investitionen auf dem Agrarsektor kommt. Unter dem Einfluß des neuen Verteidigungsministers **Lin Piao** (* 1907 oder 1908, † 1971) beginnt sich die Volksbefreiungsarmee in eine „große Schule des Denkens Mao Tse-tungs“ zu verwandeln. In einer Reihe von Kampagnen wird die Armee von nun an zur „Verbesserung des Arbeitsstils“ angehalten und auf die Linie Maos eingeschworen.

1962 Jan. – Febr. Auf einer erweiterten Arbeitskonferenz des ZK in Peking schließt sich auch Liu Shao-ch'i der Kritik des „Großen Sprungs“ an und tritt für eine weitere Liberalisierung der Wirtschaftspolitik und für die Rehabilitierung einiger „Rechtsabweichler“ ein. – Die bestehenden Meinungsgruppen beginnen sich zu *„Fraktionen“* mit eigenen Programmen zu verhärten; die Polarisierung der beiden „Linien“ wird zunehmend „antagonistischer“. Dabei konzentrieren sich die Auseinandersetzungen auf die Bereiche der Kultur, der Ideologie und der Propaganda.

Aug. Auf der vorbereitenden Arbeitskonferenz für das **10. Plenum des VIII. ZK** in *Peitaiho* startet Mao eine Offensive gegen die Konsolidierungspolitik von Liu und Teng.

24.–27. Sept. Auf dem Plenum selbst setzt Mao seine Linie fort. Er warnt vor kapitalistischen Tendenzen, betont die *Fortsetzung des Klassenkampfes* auch in der Phase des Sozialismus und verweist auf die Bedeutung der Erziehung „revolutionärer Nachfolger“. Obwohl er eine Bestätigung der Lushan-Resolution vom August 1959 durchsetzen und die Rehabilitierung von „Rechtsabweichlern“ verhindern kann, wird in der Praxis die Politik Lius und Tengs fortgeführt. Diese findet ihren Ausdruck in der Politik der **„Drei Freiheiten – eine Festlegung“** (Ausdehnung der privat genutzten Landparzellen; freier Handel mit den dabei gewonnenen Produkten; privates Kleingewerbe; Festsetzung der Produktionsquoten auf der Ebene der bäuerlichen Haushalte); Vertrauen auf Privatinitiative und materielle Anreize; Aufwertung von Fachwissen, Planung und stärkere Dezentralisierung der Wirtschaft.

20. Okt. – 22. Nov. Zwischen *Indien* und *China* kommt es wegen der umstrittenen Gebiete zu *militärischen Auseinandersetzungen,* die China schnell zu seinen Gunsten entscheidet. Nach tiefen

Einbrüchen in indisches Gebiet erklärt China einseitig den Waffenstillstand und zieht seine Truppen zurück.

1963
20. Mai Das ZK der KPCh stimmt der Durchführung einer von Mao konzipierten **„Sozialistischen Erziehungsbewegung"** zu, die schon auf dem 10. Plenum des VIII. ZK vom September 1962 in Aussicht genommen worden ist. Doch auch dabei zeigt sich schon deutlich ein „Kampf der beiden Linien". Während Mao mit Hilfe dieser Kampagne in Fortsetzung der Politik des „Großen Sprungs" den „Klassenkampf verschärfen" und das politische Bewußtsein heben will, versuchen die Parteipragmatiker um Liu die Disziplinierung des Parteiapparates und die Stabilisierung des Parteieinflusses auf dem Lande zu verstärken.

30. Mai Das ZK der KPdSU schlägt in einem Brief an das ZK der KPCh die Aufnahme bilateraler Gespräche auf Parteiebene zur Bereinigung der bestehenden Differenzen vor.

14. Juni Die chinesische Parteiführung nimmt die Einladung an und legt in einem unter der Leitung Maos erarbeiteten „Vorschlag zur Generallinie der internationalen kommunistischen Bewegung" an das ZK der KPdSU die eigene Position klar. In ihm wird von Moskau insbesondere die Aufgabe der Koexistenz-Politik gefordert, die Ablehnung des parlamentarischen Weges zum Sozialismus bekräftigt, die These vom Absterben des Klassenkampfes im Sozialismus attackiert und vor dem *„Revisionismus"* gewarnt.

5. Juli – 22. Juli Eine Delegation unter der Leitung von *Teng Hsiao-p'ing* (* 1904) und *P'eng Chen* (* 1899) trifft in Moskau ein, doch führen die Gespräche zu keinem Konsens und werden schließlich ergebnislos eingestellt.

5. Aug. Dagegen Abschluß eines Abkommens über die Nichtverbreitung von Kernwaffen nach Verhandlungen zwischen den USA, Großbritannien und der UdSSR in Moskau.

1964
10. Juli Mao benutzt den Besuch einer Delegation der Sozialistischen Partei Japans dazu, eine neue Version seiner *Zwischenzonen-Theorie* vorzustellen. Ihr zufolge bestehen zwischen den USA und den sozialistischen Ländern zwei große Zwischenzonen, die zum einen von den unterentwickelten Staaten und zum anderen von den entwickelten Mächten Westeuropas sowie von Japan gebildet werden. Den Staaten der beiden Zwischenzonen empfiehlt Mao zur Abwehr imperialistischer Aggression mit den sozialistischen Ländern zusammenzuarbeiten.

14. Juli Mit der Veröffentlichung des Grundsatzartikels „Über den Pseudokommunismus Chruschtschows und die historischen Lehren für die Welt" erreicht die *Kritik* am *innen-*

und außenpolitischen Kurs der Sowjetunion ihren bisherigen Höhepunkt.

16. Okt. Zündung der ersten chinesischen *Atombombe.*

Dez. Peking setzt die religiösen und weltlichen Oberhäupter in Tibet, den *Dalai Lama* und den *Pantschen Lama* (* 1937), offiziell ab.

21. Dez. Der **III. Nationale Volkskongreß** tritt in Peking zusammen (bis 4. Jan. 1965). Maos Kritik an der Kultur- und Erziehungsarbeit nimmt zu.

1965 Zur Verbesserung der Kultur- und Erziehungsarbeit wird
13. Juli ein *„Fünferausschuß Kulturrevolution"* unter dem Vorsitz von P'eng Chen gebildet.

9. Sept. Formale Errichtung des *Autonomen Gebiets Tibet.*

Sept./ Auf einer Arbeitskonferenz des ZK über Probleme im Kul-
Okt. turbereich fordert Mao Tse-tung zur Kritik an *Wu Han,* stellvertretendem Bürgermeister von Peking, auf. Dieser hat 1961 in einem Drama die Säuberung P'eng Te-huais kritisiert und Mao kaum verhüllt angegriffen. Mao kann sich jedoch nicht durchsetzen und zieht sich nach Shanghai zurück.

10. Nov. Die Shanghaier Zeitung *Wen-hui-pao* veröffentlicht auf Veranlassung von Mao und dessen Frau *Chiang Ch'ing* (* 1913), die politisch immer stärker in Erscheinung tritt, eine scharfe Kritik *Yao Wen-yüans* (* 1925) an dem Drama von Wu Han. Der Artikel wird bald darauf von der Armee-Zeitung und schließlich auch von der *Pekinger Volkszeitung* nachgedruckt.

1966 In Abwesenheit Liu Shao-ch'is werden einige seiner wichtigsten Verbündeten ihrer Ämter enthoben (Lo Jui-ch'ing [* 1906], P'eng Chen [* 1899], Lu Ting-yi).

16. Mai In einem Rundschreiben des ZK ist zum ersten Mal von der **„Großen Proletarischen Kulturrevolution"** die Rede, mit der gegen die ideologischen Positionen vorgegangen werden soll, die noch von den „Resten der Bourgeoisie und des Feudalismus in Partei, Regierung und Armee" gehalten werden. – An den Hochschulen bilden sich Rotgardistengruppen, die auf *Wandzeitungen* die Zerstörung der „alten Autoritäten" fordern. Da sie von Mao selbst und den publizistischen Organen unterstützt werden, gelingt es der Partei nicht, sie unter Kontrolle zu bringen. Der Terror an den Hochschulen weitet sich aus.

16. Juli Mao schwimmt unterdessen bei Hangchow im *Yangtse* und demonstriert so spektakulär seine gute körperliche Verfassung. Dann kehrt er nach neunmonatiger Abwesenheit nach Peking zurück.

1. Aug. Beginn des von Mao einberufenen **11. Plenums des VIII. ZK,** welches mit Mao-Verbündeten erweitert worden ist.

8. Aug. In einer **16-Punkte-Entschließung** legitimiert das ZK die Kulturrevolution und ruft zum Kampf gegen die Machthaber in der Partei auf, „die den kapitalistischen Weg gehen".

18. Aug. Zusammen mit Lin Piao nimmt Mao in Peking die erste große Massenkundgebung der Roten Garden ab; immer stärkerer *Mao-Kult.* Terror und Exzesse der studentischen Roten Garden steigern sich und provozieren den Widerstand von Arbeitern und Bauern. – Zwar gelingt es Mao und seinen Anhängern, ihre Gegner in der Parteizentrale zu entmachten und sich in Peking und einigen anderen Großstädten durchzusetzen, in den Provinzen blocken jedoch die dortigen Parteiführer die Angriffe der Roten Garden weitgehend ab und behaupten ihre Positionen.

1967
4. Jan. In Shanghai bricht der sog. **„Januarsturm"** los; hier wie in anderen Städten übernehmen die Radikalen gewaltsam die Macht. Die Partei antwortet mit der Aufstellung eigener Verbände („Scharlachgarden") und versucht die Arbeiter und Bauern auf ihre Seite zu ziehen. Mao erteilt der

17. Jan. Volksbefreiungsarmee den Befehl zum Eingreifen, da Streiks, Demonstrationen und Kämpfe die Wirtschaft in ein Chaos zu stürzen drohen. Obwohl zum „Schutz der Linken" aufgefordert, benutzen viele der militärischen Führer in den Provinzen die Gelegenheit, die Radikalen unter Kontrolle zu bringen und mit Hilfe gemäßigter Kader den reibungslosen Ablauf der Wirtschaft sicherzustellen. Bildung von *„Revolutionskomitees"* aus Militärs, „revolutionären Parteikadern" und Vertretern von Massenorganisationen in Heilungkiang unter Mitwirkung des dortigen Militärbefehlshabers *Ch'en Hsi-lien* (* 1913).

6. April Im Gegenzug verbietet die von der Linksfraktion kontrollierte Militärkommission des ZK die von einigen Militärführern in den Provinzen angestrebte Auflösung der revolutionären Massenorganisationen.

26. Juli Mit der Entmachtung von *Ch'en Tsai-tao,* Kommandeur der Militärregion Wuhan, gelingt ein weiterer wichtiger Erfolg der Linken. Die Angriffe auf höhere Militärs nehmen zu.

18. Aug. Der Versuch der Linken, sich auch in Südchina durchzusetzen, scheitert, als der dortige Befehlshaber *Huang Yung-shen* (* 1907) mit regulären Truppen in die Kämpfe eingreift. Schon zuvor haben sich unter dem Druck der regionalen Befehlshaber auf einer erweiterten Sitzung der

China wird Republik:
Abschneiden des von der Mandschu-Fremdherrschaft eingeführten Zopfes.

CHINA VI: DIE ÄRA MAO

Der frühere US-Präsident Nixon und Mao Tse-tung in Peking (23. Februar 1976).

Kulturrevolution in China (1966–1969):
Pekinger Studenten bei einem bewaffneten Aufmarsch.

Der damalige stellvertretende Ministerpräsident Teng hsiao-ping mit Bundeskanzler Schmidt in Peking (1975).

Eine moderne chinesische Kleinfamilie: grundlegende Änderung durch die gesellschaftlichen Reformen (1985).

Eine moderne Erdölraffinerie in Shanghai.

Militär-Kommission des ZK in Peking Mao, Lin Piao und Chiang Ch'ing von den „Revolutionären Rebellen" distanziert. Der Höhepunkt der Kulturrevolution ist damit überschritten. Während aus der *„Gruppe Kulturrevolution"* die Linksextremisten entfernt werden, führt die Armee die Disziplinierung der Roten Garden und der von ihnen dominierten Massenorganisationen durch.

14. Okt. Die sofortige Wiederaufnahme des Unterrichts an Schulen und Hochschulen wird angeordnet. Bereits seit September hat sich mit Billigung Maos die in *Heilungkiang* erstmals gebildete Dreierverbindung von Militär- und Parteikadern sowie von Massenorganisationsvertretern als Organisationsform im ganzen Land durchgesetzt. Allerdings werden diese Machtorgane von Anfang an von den Angehörigen der Volksbefreiungsarmee dominiert. Unter der Leitung des Militärs kommt so das Land langsam wieder zur Ruhe und die Wirtschaft wieder in Schwung. Maßnahmen zum Wiederaufbau der Partei werden eingeleitet.

1968 13.–31. Okt. Das **12. Plenum des VIII. ZK** nimmt den Entwurf eines neuen *Parteistatuts* an, das von *Ch'en Po-ta, Yao Wen-yüan* und *Chang Ch'un-ch'iao* (* 1911) ausgearbeitet worden ist. Obwohl schon längst entmachtet und von der politischen Bühne verschwunden, wird *Liu Shao-ch'i* erst jetzt formell aller Ämter enthoben und aus der Partei ausgestoßen.

22. Dez. Mao fordert die Absolventen von Schulen und Hochschulen auf, aufs Land zu gehen, um sich von den Bauern umerziehen zu lassen. In der Folge werden mehr als zehn Millionen Jugendlicher in die Randzonen Chinas abkommandiert. Die Rebellion der Jugend ist damit zerschlagen.

1969 2./15. März Schwere Zwischenfälle an der sowjetisch-chinesischen Grenze *(Ussuri-Konflikt)*. Nach starken sowjetischen Truppenkonzentrationen und unter dem Eindruck des Einmarsches von Truppen des Warschauer-Pakts in die ČSSR vom August 1968 wächst das Gefühl der Bedrohung.

1.–24. April Unter strengster Geheimhaltung tritt in Peking der **IX. Parteitag** zusammen. Das **Ende der Kulturrevolution** wird verkündet und ein neues *Parteistatut* angenommen, das Lin Piao namentlich als „Nachfolger" Maos bezeichnet und dessen Gedanken wieder zur Richtschnur für die Arbeit der Partei erhebt.

15. April Das neugewählte ZK wird ebenso wie das neue Politbüro von Vertretern der Volksbefreiungsarmee dominiert.

28. April Das **1. Plenum des IX. ZK** wählt Mao Tse-tung erneut zum Parteivorsitzenden.

Mai Der Wiederaufbau der Partei wird verstärkt propagiert und eine von nun an ständig wachsende Zahl von Kadern, die während der Kulturrevolution „gesäubert" worden sind, auf Betreiben Chou En-lais rehabilitiert. Während Chou mit Hilfe der Partei und mit Unterstützung zahlreicher Regionalbefehlshaber einen Kurs der politischen und wirtschaftlichen Konsolidierung steuert, propagiert *Lin Piao* die Rückkehr zur Politik des „Großen Sprungs", nun allerdings unter der Leitung der Armee und mit Hilfe einer weitgehend militarisierten Bevölkerung. Macht- und Linienkämpfe der beiden Gruppen setzen ein.

1970 März Mao spricht sich für eine Änderung der Verfassung von 1954 und für die *Streichung des Staatspräsidentenamtes* aus. Die Armee wird verstärkt zum Gehorsam gegenüber der Partei aufgerufen.

23. Aug. – 6. Sept. Auf dem **2. Plenum des IX. ZK** drängen Lin Piao und seine Anhänger im zentralen Militärapparat, unterstützt von Ch'en Po-ta, vergeblich auf die Beibehaltung des Staatspräsidentenamtes. Daraufhin beginnt Mao gegen die Lin Piao-Gruppe Stellung zu beziehen. Seine Kritik konzentriert sich zuerst auf Ch'en Po-ta, der nach dem Plenum nicht mehr in der Öffentlichkeit auftritt und im April des nächsten Jahres auf einer Parteikonferenz „gesäubert" wird. Unter dem Eindruck des Erstarkens seiner Gegner und der zunehmenden Feindseligkeit Maos beginnt Lin Piao seine Anhänger zu sammeln und einen Putsch vorzubereiten.

Dez. **1971** Aug. Vollzug der Bildung von *26 Provinzkomitees* sowie der *Parteikomitees* von Peking, Shanghai und Tientsin. Ihre Zusammensetzung spiegelt den Machtverlust der linken Massenorganisationen und den Machtgewinn der neuen Koalition von Parteiveteranen und lokalen Militärbefehlshabern.

17. Juli Die chinesische Presseagentur gibt die Einladung Chou-En-lais an den amerikanischen Präsidenten *Richard M. Nixon* zu einem Besuch in China bekannt.

12. Sept. Nach dem Scheitern eines Putsches stürzt *Lin Piao* auf der Flucht über der Mongolei mit dem Flugzeug ab. Erst Anfang Dezember setzt eine *„Kampagne zur Kritik am Revisionismus und zur Korrektur des Arbeitsstils"* ein. Obwohl sie offenbar der Ausschaltung der Lin Piao-Anhänger, insbesondere im zentralen Militärapparat, dient, wird Lin Piao erst auf dem X. Parteitag im August 1973 offiziell damit in Verbindung gebracht. Die Zahl der Rehabilitierungen von Altfunktionären und Militärs nimmt weiter zu.

Zudem wird der Wiederaufbau des zentralen Verwaltungsapparats beschleunigt vorangetrieben.

25. Okt. Die VR China wird als Vertreterin Chinas **in die Vereinten Nationen aufgenommen;** gleichzeitig verlassen die Vertreter der National-Regierung (Taiwan) die Weltorganisation.

1972 US-Präsident **Richard M. Nixon trifft zu einem Besuch in China ein** (21. Febr.).

27. Febr. Veröffentlichung des chinesisch-amerikanischen *Kommuniqués von Shanghai.*

25.–30. Sept. Während des Besuchs des japanischen Premiers *Kakuei Tanaka* wird die Aufnahme diplomatischer Beziehungen zwischen beiden Ländern vereinbart und der Abschluß eines Friedens- und Freundschaftsvertrags in Aussicht genommen, nachdem die japanische Regierung sich bereit erklärt hat, den Friedensvertrag von 1952 zu annullieren und anzuerkennen, daß Taiwan ein Bestandteil Chinas ist.

11. Okt. Aufnahme diplomatischer Beziehungen zwischen der VR China und der Bundesrepublik Deutschland.

Chinesische Außenpolitik seit 1969

Nach dem IX. Parteitag im April 1969 beginnt sich China aus der außenpolitischen Isolation zu lösen und viele der während der Kulturrevolution aufgegebenen Botschafterposten neu zu besetzen. Im August 1970 nimmt Peking sogar diplomatische Beziehungen zu Jugoslawien auf, das lange Zeit wegen seiner „revisionistischen" Politik angegriffen wurde. Zudem kommt es zum Ausbau der Kontakte zu Rumänien. Seit Sommer 1969 mehren sich außerdem die Anzeichen für eine *amerikanisch-chinesische Annäherung.* Geheime Gespräche des Sonderbeauftragten des amerikanischen Präsidenten, *Henry A. Kissinger,* in Peking helfen das Terrain für eine chinesische Einladung an *Richard Nixon* zu ebnen. Während seines Besuchs in China (21.–27. Februar 1972) trifft Nixon auch mit Mao Tse-tung zusammen, der sich damit demonstrativ hinter die neue außenpolitische Linie stellt. Die intensiven chinesisch-amerikanischen Verhandlungen finden im *Kommuniqué von Shanghai* ihren Niederschlag: beide Staaten bekennen sich zum Prinzip der friedlichen Koexistenz und zur Regelung internationaler Streitfälle ohne Anwendung von Gewalt. Sie stellen fest, daß eine Normalisierung der amerikanisch-chinesischen Beziehungen im Interesse „aller Staaten" liege, und erteilen hegemonialen Bestrebungen im asiatisch-pazifischen Raum ebenso eine Absage wie der Aufteilung der Welt in Einflußsphären der Großmächte. Das Taiwan-Problem bleibt ungelöst. Während Peking auf seiner Ansicht beharrt,

Taiwan sei eine Provinz Chinas und Peking stelle die einzig rechtmäßige Regierung Chinas dar, anerkennt die amerikanische Regierung die Auffassung „aller" Chinesen, daß es nur ein China gebe und Taiwan ein Teil Chinas sei. Beide Seiten geben ihr Interesse an einer Fortsetzung der Kontakte und einer Normalisierung der Beziehungen zu Protokoll. Der Prozeß der diplomatischen Anerkennung, der schon vor der amerikanisch-chinesischen Annäherung begonnen hat, setzt sich nach dem Nixon-Besuch verstärkt und beschleunigt fort: noch im selben Jahr tauschen Japan und die Bundesrepublik Deutschland mit der VR China Botschafter aus.
Die *neue außenpolitische Strategie* findet ihre konzeptionelle Ausprägung in der sog. *Dreiwelten-Theorie,* die Teng Hsiao-p'ing 1974 vor der UNO erläutert. Von den drei Welten, in die sich ihr zufolge die internationale Landschaft einteilen läßt, bilden die beiden „Supermächte" USA und UdSSR die Erste, die entwickelten Staaten in West und Ost die Zweite und die unterentwickelten Länder, zu denen sich auch China zählt, die Dritte Welt. Als strategische Konsequenz strebt Peking die Bildung einer „breitestmöglichen Einheitsfront" gegen die beiden „Supermächte" an, insbesondere gegen die Sowjetunion. Deshalb kooperiert China mit allen Ländern der Dritten Welt, ungeachtet des politischen Systems, und versucht seine Beziehungen zu den Ländern der Zweiten Welt auszubauen.

Die innenpolitische Krise 1971–1975

Nach dem Fall Lin Piaos kristallisiert sich als linker Gegenpol zu den Parteipragmatikern um Chou En-lai die Gruppe um Maos Frau *Chiang Ch'ing* und die Shanghaier Funktionäre *Chang Ch'un-ch'iao* (* 1911) und *Yao Wen-yüan.* Diese beobachtet mit Argwohn die Rehabilitierung ehemaliger Parteifunktionäre und die allmähliche Zurückdrängung „kulturrevolutionärer Errungenschaften" zugunsten einer an Rationalität und Effizienz orientierten Wirtschafts- und Gesellschaftspolitik. Versuche zur Wiederherstellung eines dazu erforderlichen leistungsbezogenen Erziehungssystems sowie die Aktivierung des Außenhandels mit den westlichen Staaten, mit deren Hilfe die Mechanisierung und Modernisierung der chinesischen Wirtschaft, vor allem aber der Armee beschleunigt werden soll, provozieren bald ihren Widerstand. Obwohl es den Linken auf dem X. Parteitag von 1973 gelingt, den jungen Shanghaier Parteifunktionär *Wang Hung-wen* (* zwischen 1937 und 1941) in die höchste Parteispitze zu bringen, setzen die gemäßigten Kräfte sich in den Führungsorganen weiter durch. Die Zahl der Militärs nimmt in den obersten Parteiorganen ab; einen weiteren Machtverlust müssen sie Ende des Jahres mit

Produktion ausgewählter Güter

	Einheit	1952	1957	1975	1978	1980	1981	1982
Elektr. Energie .	Mio. kWh	7,2	19,3	121	159	300,6	309,3	327,7
Stahl	Mio. t	1,3	5,4	25	31	37,1-	35,6	37,2
Kohle	Mio. t	66,5	130	480	600	620,0	622,0	666,0
Öl	Mio. t	0,4	1,3	74	100	105,9	101,2	102,1
Zement	Mio. t	2,9	6,9	40	60	79,9	84,0	95,2
Getreide	Mio. t	161	191	284	295	318,2	325,0	353,4

einem Revirement unter den regionalen Militärbefehlshabern hinnehmen. Nach intensiven Rekrutierungen erreicht die Partei eine Mitgliederzahl von 28 Millionen (vor der Kulturrevolution: 17 Millionen). Seit dem Frühjahr wird der Wiederaufbau der während der Kulturrevolution aufgelösten offiziellen Massenorganisationen (Kommunistisches Jugendkorps, Gewerkschaftsverband, Chinesischer Demokratischer Frauenbund) verstärkt betrieben. Durch sie versuchen die Linken ihre Machtbasis zu verbessern, die bislang im wesentlichen aus der Unterstützung Maos und der Kontrolle der Massenmedien bestand. Über die letzteren betreiben sie seit Herbst 1972 eine als *Kritik an Lin Piao und Konfuzius* getarnte Massenkampagne gegen Chou En-lai und seine Anhänger. Diesem gelingt es jedoch, sich auf dem IV. Nationalen Volkskongreß im Januar 1975 mit seiner *Politik der „vier Modernisierungen"* (Landwirtschaft, Industrie, Landesverteidigung, Wissenschaft und Technik), mit deren Hilfe China noch in diesem Jh. zu einer der führenden wirtschaftlichen Mächte der Welt aufsteigen soll, durchzusetzen. Über eine Reihe von Kampagnen versucht die Parteilinke daraufhin die Initiative wieder an sich zu reißen. Hauptziel der Angriffe ist nun der einstige Generalsekretär der Partei, Teng Hsiao-p'ing (im Frühjahr 1973 rehabilitiert), der an Stelle des erkrankten Chou En-lai die Regierungsgeschäfte führt.

1973 24.–28. Aug. Nach dem **X. Parteitag,** der durch eine Satzungsänderung und personelle Auffüllungen der Organe der Ausschaltung Lin Piaos Rechnung trägt, steigert sich der innenpolitische Widerstand der Linksgruppe zu einer Reihe von Kampagnen, die alle dem Ziel dienen, Chou En-lai zu entmachten und die Fortsetzung seiner Politik zu blockieren.

1974 10. April Teng Hsiao-p'ing stellt der UN-Vollversammlung die sog. *„Dreiwelten-Theorie"* vor, die von nun an als offizielle Grundlage der chinesischen Außenpolitik bezeichnet wird.

1975 13.–17. Jan. Auf dem nach der Verfassung längst überfälligen **IV. Nationalen Volkskongreß,** der in demonstrativer Abwesenheit Maos in Peking stattfindet, gelingt Chou En-lai eine wichtige Konsolidierung seines gemäßigten Reformkurses *(Politik der „vier Modernisierungen“).* Während in der Linksfraktion lediglich *Chang Ch'un-ch'iao* mit dem Amt des 2. Stellvertretenden Ministerpräsidenten eine wichtige Position zufällt, kann Chou seine Regierungsmannschaft mit Männern seiner Wahl besetzen (Ernennung Teng Hsiao-p'ings zum 1. Vizepremier). – Der Volkskongreß verabschiedet eine neue Verfassung.

Die Verfassung von 1975

Die Verfassung definiert die Volksrepublik als einen *„sozialistischen Staat der Diktatur des Proletariats“* und enthält die Feststellung, daß die Phase des Sozialismus von Klassenkämpfen geprägt ist und daher der Diktatur des Proletariats bedarf. Die Führungsrolle der Partei über Regierung und Armee wird hervorgehoben, und dem Ständigen Ausschuß des Nationalen Volkskongresses werden die Funktionen des Staatsoberhaupts zugewiesen. Das Streikrecht wird garantiert, außerdem die private Bewirtschaftung und Nutzung kleiner Parzellen sowie die Ausübung häuslicher Nebengewerbe in kleinem Umfang gestattet. Außenpolitisch enthält die neue Verfassung neben dem Prinzip des *„proletarischen Internationalismus“* die Feststellung, daß China niemals anstrebe, eine „Supermacht“ zu werden.

1976 7. Jan. Nach dem **Tod Chou En-lais** gelingt der Parteilinken ein vorläufiger Durchbruch, nachdem sie in einer Reihe von Kampagnen versucht hat, die Initiative wieder an sich zu reißen.

7. Febr. Statt Teng Hsiao-p'ing wird der bisherige Sicherheitsminister *Hua Kuo-feng* (* 1920) zum neuen geschäftsführenden Premier ernannt.

1.–5. April Vor dem Tor des Himmlischen Friedens im Zentrum Pekings kommt es anläßlich des ersten Gedenktages von Chou En-lais Tod zu spontanen Trauerkundgebungen der Bevölkerung für den verstorbenen Premier, die von Ordnungshütern gewaltsam unterbunden werden *(T'ien An-men-Zwischenfall).*

7. April Teng Hsiao-p'ing wird nach wochenlanger, von Mao gebilligter Kampagne vom Politbüro aller Partei- und Regierungsämter enthoben; gleichzeitig wird Hua Kuo-feng als neuer Premier bestätigt und auf Vorschlag Maos zum **1.**

stellvertretenden Parteivorsitzenden gewählt. – Angesichts des sich rapide verschlechternden Gesundheitszustands von MaoTse-tung intensiviert die Linksfraktion den Kampf um seine Nachfolge. Die Kampagnen gegen die Anhänger Chous und Tengs werden verschärft, der Aufbau von Milizen vorangetrieben.

15. Juni Bekanntgabe, daß der Parteivorsitzende Mao Tse-tung keine ausländischen Besucher mehr empfangen werde.

8. Sept. **Mao Tse-tung stirbt** im Alter von 82 Jahren. Unmittelbar danach setzt der Kampf um seine Nachfolge definitiv ein.

7. Okt. Das Politbüro wählt **Hua Kuo-feng** (* 1920) **zum neuen Parteivorsitzenden;** noch am selben Tag werden die Frau Maos und ihre Anhänger verhaftet. Damit wird offenbar, daß die Linke nach dem Tod Maos gegen die sich formierende Koalition aus gemäßigten Parteiveteranen und regionalen Militärbefehlshabern, der sich auch die Führer des Sicherheitsapparates angeschlossen haben, kein vergleichbares Machtpotential aufbieten kann. Mit der Unterstützung der Armee gelingt es den Siegern schnell, den Widerstand der nun als **„Viererbande"** disqualifizierten Linksfraktion zu brechen und die durch Naturkatastrophen vom Frühjahr 1976 sowie durch Machtkämpfe geschädigte Wirtschaft wieder in Gang zu bringen.

1977 Das **3. Plenum des X. ZK** (16.–21. Juli) rehabilitiert Teng Hsiao-p'ing erneut.

12.–18. Aug. Der vorzeitig nach Peking einberufene **XI. Parteitag** zieht die personellen Konsequenzen der neuen Entwicklungen: während die Anhänger der Linksfraktion aus allen Parteigremien entfernt werden, übernimmt die Koalition der Sieger die Macht. Zu den fünf Stellvertretern des neuen Parteivorsitzenden Hua Kuo-feng zählt auch Teng Hsiao-p'ing. – Die Kulturrevolution wird für beendet erklärt; die Partei nimmt ein *neues Parteistatut* an, das die kulturrevolutionären Positionen der Statuten von 1969 und 1973 weiter abschwächt und an die Satzung von 1956 anknüpft. Sie ist stärker auf eine kollektive Führung abgestellt und betont die Prinzipien der Disziplin und Kontrolle.

Die neue Wirtschaftspolitik

Zur Ankurbelung der Politik der „vier Modernisierungen" und zur Intensivierung der wissenschaftlichen und technischen Forschung läuft seit dem Sturz der „Viererbande" eine Kette von Nationalen Konferenzen ab. Ein *Acht-Jahres-Plan* wird für Wissenschaft und Technik

Außenhandel der VR China nach Ländergruppen[1]

Ländergruppen	1955	1965	1970	1975	1981	1982
Ausfuhr in Mio. US-Dollar						
Sozialistische Länder[2]	975	710	575	1370	1080	1076
Westliche Industrieländer[3]	200	545	650	2625	9448	9314
darunter: Japan	76	211	239	1440	5292	5352
EG	99	262	320	711	2494	2075
Asien, Afrika und Lateinamerika	230	735	865	2995	10107	11253
Einfuhr in Mio. US-Dollar						
Sozialistische Länder[2]	1010	520	405	1015	1310	1441
Westliche Industrieländer[3]	145	870	1380	5515	14954	13034
darunter: Japan	30	260	606	2425	5095	3511
EG	73	330	496	1590	2759	2057
Asien, Afrika und Lateinamerika	200	455	400	960	3140	3924

[1] Berechnet anhand von Statistiken der Partnerländer. – Um Transport- und Versicherungskosten sowie um Doppelzählungen bereinigte Werte; unter Einbeziehung der asiatischen Volksdemokratien Mongolei, Nordkorea, Vietnam, Laos und Kambodscha. Für 1977 z.T. geschätzt auf der Basis von 6 bis 11 Monatsdaten. [2] RGW-Länder, einschließlich Kuba und Mongolei, außerdem Albanien, Jugoslawien und übrige asiatische Volksdemokratien. [3] OECD-Länder nach dem Stand vom 31. 12. 1973.

erstellt. An den Forschungseinrichtungen wird die politische Arbeit reduziert und das System persönlicher Verantwortung wiedereingeführt. – Ins Zentrum der Politik rückt die Generallinie des *„Neuen Großen Sprungs nach vorn"*. So soll die Landwirtschaft im Rahmen eines Zehnjahresplans (1976–1985) jährlich um 4–5% wachsen und die Industrie jährlich um 10%. Anknüpfend an die frühere Strategie, sollen Landwirtschaft und Industrie gleichzeitig entwickelt werden, ebenso Schwer- und Leichtindustrie, nationale und lokale Industrie; bei den Produktionsmethoden soll traditionellen und einheimischen Mustern gefolgt und die Führung sowohl zentralisiert wie lokalisiert werden. Im ganzen gesehen, deutet sich in vielen wirtschaftlichen und administrativen Bereichen eine Rezentralisierung an. Um die gesteckten Ziele zu erreichen, wird nicht nur der *Außenhandel mit dem Westen* verstärkt, China rückt auch von seinem bisherigen Grundsatz ab und nimmt zur Importfinanzierung, insbesondere modernster Technologie, *ausländische Kredite* unter anderem aus der Bundesrepublik Deutschland auf.

1978
26. Febr. In Peking tritt der **V. Nationale Volkskongreß** zusammen. Er bestätigt personell und programmatisch den gemäßigten Kurs der vergangenen Jahre. Hua Kuo-feng wird als Ministerpräsident in seinem Amt bestätigt.

5. März Die **neu angenommene Verfassung** wird als „neue Verfassung für eine neue Entwicklungsdekade" bezeichnet. Auch sie definiert die VR China als einen „sozialistischen Staat der Diktatur des Proletariats" und unterstreicht die Führungsrolle der kommunistischen Partei. Wirtschaftlich wird die Notwendigkeit einer rascheren Entwicklung und Modernisierung betont. Der Grundrechtskatalog wird in einigen Punkten ergänzt (u. a. Gleichstellung der Frau. Sozialunterstützung). Nach der Streichung des Amts des Staatspräsidenten geht der militärische Oberbefehl auf den Vorsitzenden des ZK der KPCh über.

Gleichzeitig mit dem Nationalen Volkskongreß tritt nach 13jähriger Unterbrechung die **V. Politische Konsultativkonferenz** zusammen, ein Zeichen, daß die gemäßigte Politik der Vereinten Fronten wiederaufgenommen werden soll. Der Konferenz gehören über 2000 Persönlichkeiten aus allen Bereichen der Gesellschaft an, darunter Abgeordnete der früheren demokratischen Parteien und der Pantschen Lama.

3. April Abschluß eines Handelsvertrags zwischen der VR China und der *Europäischen Gemeinschaft.*

Mai Mit dem einsetzenden Exodus von Vietnamesen chinesischer Abstammung aus Vietnam verschlechtern sich die Beziehungen zwischen Hanoi und Peking. Eine weitere Verschärfung verursacht der *Grenzkonflikt zwischen Vietnam und Kambodscha,* in dem China für Kambodscha Partei ergreift und materielle Unterstützung leistet.

3. Juli Peking stellt die Finanz- und technische Hilfe an Vietnam ein; fast zur selben Zeit kommt es zu Auseinandersetzungen an der *chinesisch-vietnamesischen Grenze,* die im Laufe des Jahres immer weiter eskalieren.

7. Juli Das chinesische Außenministerium gibt in einer Note an die albanische Botschaft in Peking die Rückberufung der chinesischen Experten und die Einstellung der chinesischen Hilfe an Albanien bekannt. Peking reagiert damit auf die albanische Kritik an der chinesischen Innen- und Außenpolitik, die ein Jahr zuvor eingesetzt und sich ständig gesteigert hatte.

10. Aug. – 1. Sept. Der chinesische Partei- und Regierungschef Hua Kuofeng unternimmt eine erste längere Auslandsreise, die ihn nach Rumänien, Jugoslawien und in den Iran führt.

12. Aug. Die Volksrepublik *China* und *Japan* schließen nach längeren Verhandlungen einen *Friedens- und Freundschaftsvertrag,* der auch die von Moskau bekämpfte Anti-Hegemonie-Klausel enthält.

23.–29. Okt.	Zur offiziellen Unterzeichnung des Vertrags stattet der stellvertretende Ministerpräsident Teng Hsiao-p'ing *Japan* einen Staatsbesuch ab, in dessen Verlauf er auch vom japanischen Kaiser *Hirohito* empfangen wird.
5.–14. Nov.	Teng Hsiao-p'ing besucht die *ASEAN-Staaten* Thailand, Malaysia und Singapur: er bekräftigt die chinesische Zustimmung zur Schaffung einer *neutralen Zone* in Südostasien. Die Reise Tengs steht deutlich unter dem Eindruck des kurz zuvor zwischen *Vietnam* und der *Sowjetunion* geschlossenen Freundschaftsvertrags und der militärischen Auseinandersetzung in Indochina.
15. Dez.	Der amerikanische Präsident *James Earl Carter* und der chinesische Regierungschef *Hua Kuo-feng* geben die Absicht ihrer Regierungen bekannt, zu Beginn des darauffolgenden Jahres volle *diplomatische Beziehungen* aufzunehmen.
1979 1. Jan.	Mit der Aufnahme *diplomatischer Beziehungen* zwischen der *VR China* und den *USA* beenden die USA ihre seit 1949 bestehenden diplomatischen Beziehungen zur nationalchinesischen Regierung auf Taiwan (Formosa).
29. Jan.	*Teng Hsiao-p'ing* trifft zu einem *Staatsbesuch in Washington* ein.
17. Febr.	Beginn eines **Grenzkrieges** zwischen der **VR China und Vietnam** an der Nordgrenze Vietnams. China begründet seinen Angriff, den es als *„begrenzte Strafaktion"* charakterisiert, mit Vietnams wiederholtem Eingreifen in Kambodscha.
5. März	Beginn des *Rückzugs der chinesischen Streitkräfte* aus Vietnam.
4. April	Sieben Tage vor der automatischen Verlängerung des Abkommens kündigt China den Freundschaftsvertrag mit der UdSSR aus dem Jahr 1950.
15. April	Aufnahme von Friedensgesprächen zwischen China und Vietnam.
Dez.	Die *Normalisierungsgespräche mit der UdSSR* werden nach deren Eingreifen in Afghanistan von chinesischer Seite *auf unbestimmte Zeit vertagt.*
1980	Boykott der Olympischen Sommerspiele in Moskau.
23.–28. Febr.	*Auf der 5. Plenartagung des XI. ZK* in Peking werden *vier weitere prominente Vertreter der ehemaligen Mao-Gruppe von allen Leitungspositionen in Partei und Regierung entbunden;* statt dessen rücken mit Chao Tzu-yang und Hu Yao-bang zwei weitere Anhänger Tengs in den ständigen Ausschuß des Politbüros des ZK ein. *Hu Yao-bang wird Generalsekretär* des wiedererrichteten Sekretariats des ZK.

30. Aug.– 10. Sept. 3. Tagung des V. Nationalen Volkskongresses (NVK). Mit Ministerpräsident Hua Kuo-feng stellen vier Stellvertretende Premiers ihre Ämter zur Verfügung. *Chao Tzu-yang wird neuer chinesischer Regierungschef.*

1981

25. Jan. *Urteilsverkündung im Prozeß gegen* „die konterrevolutionären Cliquen um Lin Piao und Ch'iang Ching" *(die „Viererbande"). Chiang Ch'ing und Yao Wen-yüan werden zum Tode verurteilt,* die Vollstreckungen jedoch für zwei Jahre aufgeschoben. Wang Hung-wen und Chang Ch'un-ch'iao erhalten lebenslangen bzw. zwanzigjährigen Freiheitsentzug.

27.–29. Juni 6. Plenartagung des XI. ZK der KPCh. *Hua Kuo-feng tritt vom Vorsitz des ZK und des Militärausschusses des ZK zurück. Hu Yao-bang erhält den Vorsitz der Partei,* Teng Hsiao-p'ing den des Militärausschusses.

1982

17. Aug. In Peking und Washington wird ein „Gemeinsames Kommuniqué" über Taiwan veröffentlicht, in dem sich die USA verpflichten, die Waffenlieferungen an Taiwan quantitativ wie qualitativ allmählich abzubauen.

1.–12. Sept. 12. Parteitag der KPCh. Der Parteitag billigt den Entwurf eines neuen Parteistatuts. Das Amt des Parteivorsitzenden wird durch das eines Generalsekretärs des ZK ersetzt; *Generalsekretär wird Hu Yao-bang.*

5. Okt. In Peking findet die erste Runde der *sino-sowjetischen Gespräche zur Normalisierung der Beziehungen* statt (bis 22. Okt.). Weitere Gesprächsrunden abwechselnd in Moskau und Peking (1983 und 1984) bleiben ohne wesentliche Ergebnisse.

Außenhandel der VR China mit der BR Deutschland (in Mio. DM)

Jahr	Ausfuhr insgesamt Mio. DM	Anteil der BR. Dtl. Mio. DM	%	Einfuhr insgesamt Mio. DM	Anteil der BR. Dtl. Mio. DM	%
1976	19773	681	3,4	14311	1578	11,0
1977	19898	666	3,3	15560	1159	7,4
1978	21523	734	3,4	19881	1990	10,4
1979	24742	978	4,0	28676	2729	9,5
1980	33013	1294	3,9	35499	2426	6,8
1981	48726	1774	3,6	48739	3478	7,1
1982	53159	1854	3,5	46189	2321	5,0
1983*		1959,3			2751,5	
1984*		2416,7			2975,2	

* für die beiden letzten Jahre mit anderer Berechnungsgrundlage

26. Nov. 5. Tagung des V. NVK (bis 10. Dez.): *Annahme einer neuen Verfassung.*

1983 1. Tagung des VI. NVK (bis 21. Juni): Li Hsien-nien erhält am 18. Juni das wiederhergestellte Amt des Staatsvorsitzenden.

1984 Besuch des chinesischen Ministerpräsidenten *Chao Tzuyang in den USA* (10.–16. Jan.).

26. April bis 1. Mai Besuch des amerikanischen Präsidenten *Reagan in der VR China.* Während es in der Taiwan-Frage zu keiner Annäherung kommt, verstärkt sich die wirtschaftliche Kooperation: u.a. wird ein Abkommen über Zusammenarbeit bei der friedlichen Nutzung von Kernenergie paraphiert (30. April).

7.–13. Okt. Bundeskanzler Kohl hält sich zu einem Staatsbesuch in der VR-China auf.

20. Okt. KPCh verabschiedet ein Programm, das den *Abschied von der zentralen Planwirtschaft* sowjetischer Prägung bedeutet.

1985 27. März–10. April 3. Tagung des VI. NVK: Kritik an den „ungesunden Praktiken in der gegenwärtigen Wirtschaftsentwicklung" (überhöhte Geldmenge, willkürliche Preissteigerungen).

27. Mai Das britisch-chinesische Abkommen, wonach *Hongkong* ab 1997 mit dem Status einer Sonderregion wieder chinesischer Herrschaft unterstellt wird, tritt in Kraft.

16.–24. Sept. 4. Plenarsitzung des ZK der KPCh: Neuer Fünfjahresplan: *Vorrang der Planwirtschaft* wird als notwendig erachtet.

Republik China (Taiwan)

1945 25. Okt. Gemäß dem Abkommen von Kairo (1943) und den Potsdamer Beschlüssen (1945) muß Japan auf allen „geraubten" Landerwerb verzichten. *Formosa* – seit dem Frieden von Shimonoseki von 1895 japanisch – wird von der Kuomintang-Regierung (KMT) *als „Provinz Taiwan"* China wieder zugegliedert.

1947 Unter starker Mißwirtschaft kommt es zu blutig niedergeschlagenen *Aufständen der Taiwanesen.*

1949 Dez. Auf der *Flucht* vor den vorrückenden kommunistischen Truppen auf dem Festland setzt die *nationalchinesische Regierung* mit 1,5 Mio. Anhängern nach Taiwan über.

1949–1953 **Erfolgreiche Landreform** in drei Stufen: Pachtherabsetzung (1949), Verkauf von staatseigenem Grund an die „Bebauer" (seit 1951) und Teilenteignung der Großgrundbesitzer, die in Aktien neugegründeter Industrien entschädigt werden. Diese Maßnahmen legen, gemeinsam mit der massiven *Wirtschafts- und Militärhilfe der USA,* die Basis für das „taiwanesische Wirtschaftswunder" und festigen zugleich die Herrschaft der KMT.

1950 1. März Wahl des Generalissimus *Chiang Kai-shek* (* 1887, † 1975) zum *Präsidenten der Republik China.* Das Parlament setzt sich aus Vertretern aller Provinzen Gesamt-Chinas zusammen; Chiangs Regierung des „freien China" beansprucht, für das ganze Land zu sprechen, und verkündet ihr Ziel, das Festland zurückzuerobern. Dank dem Einfluß der USA behauptet Nationalchina vorerst die UN-Mitgliedschaft.

1954 Sept. *Gefechte um taiwanesische Inselgruppen* in der Straße von Formosa, die dem Festland unmittelbar vorgelagert sind, mit rotchinesischen Truppen; die Ta-Ch'en-Inseln werden aufgegeben.

2. Dez. Abschluß eines bilateralen *Verteidigungsabkommens zwischen den USA und Taiwan,* das nach weiteren Zwischenfällen mit der VR China auf die Inselgruppen der Pescadoren und die Küsteninseln Quemoy und Matsu ausgedehnt wird (März 1955).

1958 Aug./ Sept. Beschießung Quemoys durch Truppen der VR China führt zur Alarmierung der Siebten US-Flotte: *Quemoy-Krise;* deswegen Wiederaufnahme der Warschauer Gespräche auf Botschafterebene zwischen den USA und der VR China.

1965 Beendigung der US-Wirtschaftshilfe für Taiwan.

1971 25. Nov. Als Folge des *Ausschlusses Taiwans aus der UNO* verringern sich die diplomatischen Beziehungen rapide: 1977 sind es nur mehr 23 (zumeist unbedeutende) Länder, die volle Beziehungen zu Taiwan unterhalten. Dennoch bleiben die *Außenhandelsbeziehungen* dank der leistungsfähigen Wirtschaft (Konsumgüter, chemische und Elektroindustrie) zum Großteil erhalten. Innenpolitisch beginnt Chiang Kai-sheks Sohn *Chiang Ching-kuo* (* 1910) – seit 1972 Ministerpräsident – die starken Spannungen zwischen einheimischen Taiwanesen (85% der Bevölkerung) und den Festlandchinesen abzubauen (die Taiwanesen stellen bislang nur die Provinzverwaltung, während sie von den wichtigeren, staatlichen Behörden fast gänzlich ausgeschlossen sind).

1975 6. April Nach dem Tode von Generalissimus Chiang Kai-shek (5. April) wird *Yen Chia-kan* (* 1905) *Staatspräsident.*

1978 Ministerpräsident *Chiang Ching-kuo* zum *Staatspräsidenten* gewählt (21. März).

1979 1. Jan. Die Aufnahme voller diplomatischer Beziehungen zwischen Washington und Peking beschränkt die Kontakte zwischen den USA und Taiwan auf „besondere" wirtschaftliche und kulturelle Beziehungen sowie militärische Garantien.

31. Dez. Die VR China stellt die Beschießung Quemoys (seit 1958 an allen ungeraden Tagen) ein und schlägt Wiedervereinigung unter Anerkennung der Autonomie Taiwans vor.

Vom Reich der Mitte zur Volksrepublik China. – China auf der Suche nach einer neuen Ordnung

Die Krise der alten Ordnung

Die Krise, in die China um die Mitte des 19. Jahrhunderts zu treiben begann, hatte verschiedene Dimensionen. Rein äußerlich und unmittelbar stellte sie sich den Chinesen selbst zunächst als eine Krise auf der Ebene der militärischen Rüstung dar. Diese reichte – wie die Auseinandersetzungen gezeigt hatten – nicht aus, um das „Reich der Mitte" erfolgreich gegen die Flotten und Expeditionskorps der „westlichen Barbaren" zu verteidigen. Der Versuch, die zutage getretene Unterlegenheit durch Maßnahmen zu beheben, die sich auf den militärischen Bereich beschränkten, ließ jedoch bald erkennen, daß das Problem tiefer saß. Denn während früheren militärischen Bedrohungen durch Steigerungen der Rüstungsausgaben hatte begegnet werden können oder durch waffentechnische Neuerungen, die ohne tiefere Auswirkungen auf andere Bereiche der Gesellschaft blieben, erwies sich eine effiziente Verteidigung Chinas gegen die „westlichen Barbaren" ohne strukturelle Veränderungen der gesamten Gesellschaft als nicht durchführbar.

So zeigte es sich schon bald, daß mit dem Ankauf westlicher Waffensysteme nur wenig gewonnen war. Denn abgesehen davon, daß allein schon deren Handhabung tiefgreifende Reformen auf den Gebieten der Rekrutierung, der Ausbildung und der militärischen Führung erforderte, brachten Waffenimporte bestenfalls eine vorübergehende Lösung des Problems. Denn ohne die Aufnahme einer eigenen Produktion blieb China auf Waffenkäufe im Westen angewiesen – das Abhängigkeitsverhältnis verschob sich also nur; und selbst wenn die Waffenlieferungen auch in Krisenzeiten nicht ausblieben, bestand keine Garantie, daß sich das gelieferte Gerät auch auf dem neuesten Stand der Technik befand.

Der Entschluß, eine eigene Waffenproduktion aufzunehmen, war somit im Prinzip durchaus richtig. Allerdings enthüllte die Praxis schnell die zahlreichen gesellschaftlichen Unzulänglichkeiten, die seiner Realisierung im Wege standen. So fehlten in China nicht nur die wirtschaftlichen und technischen Voraussetzungen (Bergwerke, Stahlfabriken, Eisenbahnen u. a.), die zur Fabrikation moderner Waffen – etwa Kanonenboote – nötig waren, selbst das *Know how,* das zur Schaffung solcher Voraussetzungen benötigt wurde, war nicht vorhanden. Doch selbst wenn dieses *Know how* über zeitlich verpflichtete westliche Fachleute beschafft werden konnte, war damit noch wenig erreicht. Denn auf die Dauer konnten die neuen industriellen Betriebe nur von einer breiten Schicht einheimischer Wissenschaftler und Ingenieure, Facharbeiter und Manager aufrechterhalten und weiterentwickelt werden. Die Ausbildung dieses Personals aber lag jenseits der Kapazität des traditionellen chinesischen Erziehungssystems, das einseitig auf das Studium der konfuzianischen Klassiker ausgerichtet war und die Vermittlung praktischer Fähigkeiten kaum berücksichtigte. Seine Absolventen waren zwar in der Lage, die administrativen Bedürfnisse einer Agrargesellschaft zu befriedigen, doch standen sie den Erfordernissen einer modernen arbeitsteiligen Gesellschaft westlichen Stils weitgehend hilflos gegenüber.

Der Entschluß, das traditionelle Erziehungssystem durch Institutionen zu ergänzen, die für die Rekrutierung und Ausbildung einer technisch-naturwissenschaftlichen Elite westlichen Stils zuständig waren, war somit zwar ein weiterer konsequenter Schritt bei der Durchführung einer Politik, der es um die Verteidigung Chinas im weiteren Sinne ging – oder wie es auch genannt wurde: um die Selbststärkung *(tz'u-chiang)*. Dennoch gab es gute Gründe dafür, daß er nur zögernd und halbherzig erfolgte. So mußte sich bei einem bestimmten Punkt der Entwicklung zwangsläufig die Frage nach den Grenzen der „Westernisierung" stellen. Noch heikler war freilich die Frage nach der Bedeutung des „westlichen Wissens" im Vergleich zum traditionellen „chinesischen Wissen". Worauf mußte sich China letztlich stützen, um zu überleben? Fiel die Antwort zugunsten des Konfuzianismus aus, so drängte sich die Frage auf, wie das Land trotz des Konfuzianismus in die desolate Lage geraten konnte, in der es sich innen- wie außenpolitisch seit den Opiumkriegen befand. Fiel sie dagegen zugunsten des „westlichen Wissens" aus, so stellte sich nicht nur die Frage nach dem Nutzen der konfuzianischen Lehre, sondern auch die nach der Nützlichkeit der herrschenden konfuzianischen Elite.

Diese Frage aber traf den Lebensnerv der traditionellen Ordnung, des sie repräsentierenden *ancien régime* und des sie tragenden Selbstverständnisses. Im Schatten der Sicherheitskrise lauerte somit die Identitätskrise – und zwar eine Identitätskrise kosmischen Ausmaßes. Denn der Konfuzianismus bildete nicht nur die Grundlage der Ziviltheologie, die China seit 2000 Jahren in allen Lebensbereichen geprägt hatte, sondern darüber hinaus auch die Wahrheit, die das Reich in die umfassende kosmische Ordnung einbettete und seinen Anspruch als „Reich der Mitte" begründete. Mit den Zweifeln an der universellen Gültigkeit der konfuzianischen Lehre fielen infolgedessen nicht nur Schatten auf den Wert einer jahrtausendealten Kultur, sondern auch auf das Gefühl der kosmischen Geborgenheit. Der Zerfall der kosmischen Geborgenheit aber verdunkelte sowohl den Sinn der individuellen Existenz wie auch die Substanz der gesellschaftlichen Ordnung.

Angesichts dieser Implikationen konnte es somit nicht überraschen, daß die Übernahme „westlichen Wissens" innerhalb der konfuzianischen Elite bald auf schärfsten Widerstand stieß und zur Frage wurde, an der sich die Geister schieden. Daß sie nicht gleich zum Problem wurde, sondern erst, als nach dem Scheitern der T'ung-chih-Restauration Forderungen nach tiefgreifenderen Reformen immer lauter wurden, lag vor allem daran, daß die innere Logik der „Modernisierung" und ihre Konsequenzen zunächst von dem ungebrochenen Glauben an die Überlegenheit der konfuzianischen Lehre verdeckt worden waren. Hinzu kam, daß westliches und chinesisches Wissen als durchaus für miteinander vereinbar gehalten wurden – und eine Position, die zum Beispiel *Feng Kuei-fan* (1809–74) vertrat. Feng, ein konfuzianischer Gelehrter aus Soochow, der sowohl über enge Verbindungen zur chinesischen Regierung verfügte wie auch über gute persönliche Kenntnisse der westlichen Eindringlinge und ihrer Zivilisation, hatte die Frage aufgeworfen – und schließlich bejaht: „Wenn wir die chinesische Ethik und die berühmten Lehren [des Konfuzius] als die eigentliche Grundlage nehmen und sie durch die Methoden ergänzen, die von den verschiedenen Nationen zur Erlangung von Wohlstand und Stärke verwendet wurden – wäre das nicht das beste aller möglichen Verfahren?"

Das Scheitern der Reformen

Der Konflikt innerhalb der konfuzianischen Elite brach 1895 nach der demütigenden Niederlage gegen Japan aus. Denn nun wurde deutlich, daß eine halbherzig durchgeführte Modernisierung den Untergang des Reiches nur verzögern, nicht aber verhindern konnte. Als wichtigste Reaktionen auf diese Einsicht zeichneten sich drei Haltungen ab, die sich zwar im Glauben an die grundsätzliche Überlegenheit und universelle Gültigkeit der konfuzianischen Lehre einig waren, jedoch in wichtigen Punkten erhebliche Unterschiede aufwiesen.
Den konservativen Flügel besetzte eine Gruppe orthodoxer Konfuzianer, die zu keinen Abstrichen von der konfuzianischen Lehre bereit war. Da der Verfall des Reiches für sie nur die Folge des Abweichens von den „Wegen des Altertums" war, konnte Rettung auch nur von einer Rückkehr auf jene Wege erwartet werden. Das aber bedeutete: nicht die weitere Industrialisierung des Landes oder gar grundlegende Veränderungen im chinesischen Erziehungs- und Regierungssystem waren das Gebot der Stunde, sondern die Wiederbelebung der alten Kultur und eine moralische Erneuerung der Führung auf der Grundlage der traditionellen Werte. Bei der Frage, ob es die Aufgabe des Staates sei, die konfuzianische „Lehre zu bewahren" *(pao chiao),* oder ob es die Aufgabe jener Lehre sei, „den Staat zu bewahren" *(pao kuo),* plädierten sie vehement für die Rettung der Lehre, selbst wenn dabei der Staat untergehen sollte.

Im Gegensatz zu diesem orthodoxen Flügel waren sich die Vertreter der anderen Richtung, zu der die Mehrzahl der chinesischen Staatsmänner gehörte, bewußt, daß die „Bewahrung der Lehre" ohne die „Bewahrung des Staates" nicht möglich sei, daß aber die „Bewahrung des Staates" nur durch moderne Armeen, weitere Industrialisierung des Landes und Reformen im Erziehungswesen gesichert werden konnte. Die berühmte Formel für diese Politik prägte *Chang Chih-tung* (1837–1909), Generalgouverneur von Hunan und Hupeh und einer der einflußreichsten Staatsmänner seiner Zeit: „Chinesisches Wissen für die Substanz, westliches Wissen für praktische Zwecke" *(chung-hsueh wei t'i, hsi-hsueh wei yung).* Wie schon vor ihm Feng Kuei-fan, so sah auch Chang Chih-tung keinen prinzipiellen Widerspruch zwischen dem westlichen und dem chinesischen Wissen und trat infolgedessen für ein Schulsystem ein, das beide miteinander verband. „Sowohl das Alte wie das Neue muß [in den neuen Schulen] gelehrt werden: das Alte, das heißt die Vier Bücher, die Fünf Klassiker, Geschichte, Regierungssystem, Geographie Chinas; das Neue, das heißt westliche Regierung, Wissenschaft und Geschichte. Beides ist unbedingt erforderlich, aber wir wiederholen, daß das Alte die Basis (t'i) zu bilden hat und das Neue praktischen Zwecken (yung) dienen soll."

Obwohl auch Chang Chih-tung das chinesische Wissen als höherwertiger einstufte, brach er mit dem konfuzianischen Konservatismus doch insofern, als er die alte Kultur für ergänzungswürdig hielt und die Überlegenheit des Westens auf praktischem Gebiet offen anerkannte. Doch schon bald zeigte sich, was Chang Chih-tung aufgrund seiner zeitlich begrenzten Erfahrung noch nicht hatte erkennen können: daß sich das „westliche Wissen" nicht auf den praktischen Bereich beschränken ließ, sondern von diesem auch auf die moralische Basis übergriff.

Während Chang Chih-tung bei aller grundsätzlichen Reformbereitschaft im praktischen Bereich für keine fundamentalen Veränderungen des chinesischen Regierungssystems eintrat, bezog eine Gruppe junger konfuzianischer *literati* um *K'ang Yu-wei* (1858–1927) auch das Regierungssystem in ihre Reformvorschläge mit ein. Doch auch sie glaubten sich mit ihrer Forderung nach Errichtung einer konstitutionellen Monarchie noch auf festem konfuzianischem Boden. Der Grund für diese Annahme lag in einer anderen Interpretation der konfuzianischen Lehre. Das theoretische Fundament dieser Interpretation hatte K'ang Yu-wei gelegt, als er in einer Reihe textkritischer Untersuchungen nachwies, daß die herrschende Textinterpretation auf falschen Voraussetzungen, nämlich gefälschten Quellen, basiere. Statt wie die „alte Textschule" Konfuzius als einen „Überlieferer" anzusehen, der sich darauf beschränkte, die Ordnungsvorstellungen der Weisen des Altertums zu tradieren, präsentierte K'ang ihn als einen

„Reformer" mit starken messianischen Zügen. Die praktischen Konsequenzen lagen auf der Hand: Ein als Reformer ausgewiesener Konfuzius war nicht nur als Alibi für weitergehende Neuerungen brauchbar, sondern konnte zugleich zum Vorbild für eine neue, mehr prometheische Generation von Konfuzianern erhoben werden.
Die Grundlage der neuen Interpretation bildete eine Geschichtsspekulation. Diese unterschied sich insofern wesentlich von der traditionellen zyklischen Geschichtsauffassung, als sie die Geschichte der Menschheit als einen linearen Prozeß verstand, in dessen Verlauf sich die im „Zeitalter des Chaos" von Konfuzius gestiftete Ordnung im darauf folgenden „Zeitalter des wachsenden Friedens" auf ganz China ausdehnte, um schließlich im „Zeitalter des Großen Friedens" die ganze Welt zu umfassen. Dieser von Konfuzius antizipierte historische Prozeß, an dessen Ende alle Wesen im Reich der „Großen Gemeinsamkeit" *(ta t'ung)* miteinander verschmelzen würden, war – nach K'ang Yu-wei – durch drei aufeinander folgende und einander ablösende Herrschaftsformen gekennzeichnet. Der „absoluten Monarchie" folgten die Perioden der konstitutionellen Monarchie und der Demokratie, in der die durch Erziehung aufgeklärte Bevölkerung selbst die Herrschaft übernehmen sollte.
Die Realisierung dieser Vorstellungen scheiterte nach anfänglichen Erfolgen. Zwar gelang es den Reformern, den Kuang-hsü-Kaiser von ihren Ideen zu überzeugen und wichtige Stellen im Staatsapparat zu besetzen, doch war die Macht der mit der Kaiserinwitwe Tz'u-hsi verbündeten Traditionalisten noch zu groß. Nach hundert Tagen beendete ein *coup d'état* das Reformexperiment: der junge Kaiser wurde gefangengesetzt, seine neuen Ratgeber hingerichtet oder verjagt, die von ihnen eingeleiteten Reformen rückgängig gemacht. Damit war die Chance vertan, den Konfuzianismus aus seiner geistigen Erstarrung zu lösen und von innen heraus so umzugestalten, daß er eine grundlegende Erneuerung der chinesischen Gesellschaft ermöglichte.
Ob die von K'ang Yu-wei propagierte Interpretation der Lehre des Weisen aus Lu gerechter wurde als die Version seiner Rivalen, sei dahingestellt. Ohne Zweifel war sie jedoch eher geeignet, den neuen Realitäten Rechnung zu tragen und die erforderlichen Energien für eine Anpassung Chinas an die veränderte Welt freizusetzen.
Mit dem Scheitern der Reformbewegung hatte die konfuzianische Elite ihre letzte Chance verspielt, den Konfuzianismus als geistig wirksame Kraft in China zu erhalten. Und wenn sich ihr konservativer Flügel 1898 auch noch einmal politisch behaupten konnte – die Tage des Konfuzianismus waren gezählt. Nur wenige Jahre später fiel mit der offiziellen Abschaffung des traditionellen Prüfungssystems (1905) die eine und mit der Abdankung der Monarchie und der Ausrufung der Republik (1911) die andere der beiden Säulen, die ihn über Jahrtausende getragen hatten.

Die Revolution beginnt

Wie K'ang Yu-wei so hatte auch *Sun Yat-sen,* Vater der Republik und prominentester Führer der Revolution, unter dem Eindruck der Niederlage Chinas gegen Japan in einer Denkschrift die Einführung einer konstitutionellen Monarchie gefordert; aber wie K'ang so war auch Suns Appell ohne Gehör geblieben. Während K'ang Yu-wei jedoch auch nach seinem Scheitern für eine ‚Reform von oben' eintrat, hatte Sun Yat-sen einen grundsätzlich anderen Weg gewählt: Er hatte 1894 eine revolutionäre Gesellschaft gegründet, die „Gesellschaft zur Erneuerung Chinas" *(Hsing-chung hui),* die sich 1905 zusammen mit zwei anderen Gruppen zum „Chinesischen Revolutionsbund" *(Chung-kuo ko-ming t'ung-meng hui)* zusammengeschlossen hatte. Daß die beiden Männer verschiedene Wege einschlugen, hatte seine guten Gründe. Denn während K'ang Yu-wei noch tief im Konfuzianismus und in der konfuzianischen Elite verwurzelt war und gute Aussichten hatte, in diesem Rahmen seine Reformvorschläge schließlich doch noch zu realisieren, waren die geistigen und die gesellschaftlichen Voraussetzungen Sun Yat-sens völlig anders gelagert. Unter Auslandschinesen aufgewachsen und Absolvent westlicher Missionsschulen, die er in Hawaii besucht hatte, verfügte er weder über die tiefe Verwurzelung in der geistigen Kultur Chinas noch über die gesellschaftliche Basis, die ihm eine Beamtenkarriere und damit politischen Einfluß ermöglichte. Revolutionärer Umsturz war unter diesen Umständen nicht die einzige Alternative, die sich einem am Zustand Chinas verzweifelnden Patrioten bot, aber doch eine sehr naheliegende. Ihre Wahl wurde im Falle Suns noch durch andere Faktoren gefördert, insbesondere durch Kontakte zur „Trias-Gesellschaft" *(T'ien-ti hui),* ein mächtiger Geheimbund, in dem sich seit 1644 der Widerstand der Anhänger der gestürzten Ming gegen die fremde Ch'ing-Dynastie formiert hatte. Durch sie erhielten die nationalen Gefühle Suns, die während seines langen Aufenthalts im Ausland entstanden waren, eine spezifische Färbung. Allerdings zeigte das Manifest, das der Revolutionsbund 1905 bei seiner Gründung veröffentlichte, daß sich das revolutionäre Selbstverständnis Sun Yat-sens und seiner Anhänger nicht in einem anti-mandschurischen Nationalismus erschöpfte, sondern daß es von anderen wichtigen Zielen getragen wurde. „Revolutionen früherer Generationen", so hieß es dort in Hinblick auf die Ming- und die T'ai-p'ing-Rebellen, „bemühten sich lediglich um die Vertreibung der Barbaren und um die Wiederherstellung chinesischer Herrschaft. Ansonsten strebten sie keinerlei Veränderungen an. Wir heute unterscheiden uns jedoch von den Leuten früherer Zeiten. Denn abgesehen von der Vertreibung der fremden Dynastie und der Wiederherstellung chinesischer Herrschaft, ist es notwendig, auch die politische Verfassung unseres Landes und die

Lebensbedingungen unseres Volkes zu ändern. Und gibt es auch unzählige Mittel und Wege, um diese Ziele zu erreichen – der Geist, der sie alle durchweht, atmet Freiheit, Gleichheit, Brüderlichkeit."

Waren die Einflüsse westlichen Gedankenguts, das über Missionare, chinesische Auslandsstudenten und Übersetzungen westlicher Bücher im ausgehenden 19. Jahrhundert in China einströmte, bei K'ang Yu-wei bestenfalls in seiner progressivistisch-evolutionären Geschichtsspekulation spürbar, so sind sie bei Sun Yat-sen und seinen Anhängern, von denen ebenfalls viele im Ausland aufgewachsen waren, nicht zu übersehen. Andererseits zeigt eine etwas nähere Analyse ihrer Zielsetzungen, daß den westlichen Begriffen häufig Bedeutungen zugrunde lagen, die sich von ihren westlichen Vorbildern erheblich unterschieden. Das traf sowohl für den stark darwinistisch geprägten National-Begriff zu, den Sun später in seinen Abhandlungen über die „Drei Grundlehren des Volkes" *(san-min chu-i)* entfaltete, wie auch für sein Demokratie-Verständnis, das sich in der „Grundlehre von den Rechten des Volkes" *(min-ch'üan chu-i)* findet.

Während Sun Yat-sen einerseits erheblich weniger als seine konfuzianischen Vorgänger und Rivalen um eine Übereinstimmung seiner politischen Zielsetzungen mit den Lehren des Konfuzius bemüht war, lag es andererseits doch in der Logik seines nationalistisch geprägten Selbstbewußtseins, sie aus der unmittelbaren Nähe westlicher Modelle zu rücken und ihre Eigenständigkeit zu betonen. Dies erreichte er zum einen dadurch, daß er sie auf Ansätze und Vorbilder in der chinesischen Geschichte zurückführte, zum anderen aber, daß er sie als westlichen Konzepten überlegene Neuschöpfungen hinstellte. So verwies er zum Beispiel bei seinem Plädoyer für Demokratie und Republik nicht nur auf eine jahrtausendealte demokratische Tradition in China, sondern strich zudem die Unzulänglichkeiten der westlichen Demokratien heraus und betonte die Notwendigkeit, „eine vollkommen neue Demokratie und eine vollkommen neue Republik" zu entwickeln, mit denen China die Mängel der demokratischen Vorbilder beheben und damit selbst wieder zum Vorbild für die Welt werden könne.

Der gravierende Mangel der westlichen Demokratien lag seiner Ansicht nach vor allem darin, daß ihre Regierungen durch die Form der repräsentativen beziehungsweise parlamentarischen Demokratie zu sehr geschwächt würden. Um diese Schwäche zu beseitigen, hielt Sun es für unerläßlich, zwischen „Macht" *(ch'üan)* und „Fähigkeit" *(neng)* zu unterscheiden. Das heißt, das Volk soll zwar der Träger der vollen politischen Macht sein, ausgestattet mit den Rechten der Wahl und Abberufung aller Amtsträger, mit dem Initiativrecht und dem Referendum. Da es jedoch nicht selbst die „Fähigkeit" zum Regieren besitzt, muß es sich Männer mit solchen Fähigkeiten suchen und ihnen die ausführende Macht, d.h. die Regierung, übertragen. Der von Sun

Yat-sen vorgeschlagenen Gliederung von fünf Regierungsorganen (yüan), die zwar gleichberechtigt und voneinander unabhängig sein, sich aber dennoch gegenseitig kontrollieren sollten, entsprachen die fünf wichtigsten Funktionen: die Gesetzgebung, die Rechtssprechung, die Exekutive, die Rekrutierung der Beamten durch Prüfungen und das Zensorat. Dabei bezeugte – so Sun – die zweitausendjährige Tradition der beiden letztgenannten Institutionen in China die chinesische Überlegenheit gegenüber dem Westen, der das Prinzip der Gewaltenteilung erst seit 150 Jahren kenne.

Allerdings war für Sun die Zeit für diese Verfassung noch nicht reif; ihre Einführung sollte vielmehr schrittweise erfolgen. Auf die Phase einer „Militärregierung", mit deren Hilfe die national-revolutionäre Partei die Macht erobern und die Einigung Chinas vorantreiben wollte, sollte die Phase einer „Vormundschaftsregierung" folgen. In ihr sollte die revolutionäre Partei – also die später von Sun gegründete *Kuo-min-tang* (Nationale Volkspartei) – die Funktionen des Volkes übernehmen und dieses auf seine zukünftigen Rechte und Pflichten vorbereiten. Gleichzeitig sollten nach und nach die demokratische Selbstverwaltung eingeführt, unterschiedliche politische Gruppierungen zugelassen, eine Nationalversammlung gewählt und die Fünf-Gewalten-Verfassung verabschiedet werden, nach der die Macht schließlich auf eine verfassungsmäßige Regierung übergehen sollte.

Auch die „Grundlehre von der Lebenshaltung des Volkes" *(min-sheng chu-i),* das dritte Grundprinzip der politischen Philosophie Sun Yatsens, ist nur auf den ersten Blick westlichen Modellen verpflichtet, gibt aber bei genauerer Analyse überaus synkretistische Inhalte zu erkennen. Auch mit ihr glaubte Sun ein Konzept entwickelt zu haben, das die Erfahrungen des Westens berücksichtigte, die Mängel sowohl des Kapitalismus wie des Sozialismus jedoch vermied und damit auch auf diesem Bereich eine Überflügelung des Westens versprach. So konnte China, wie Sun glaubte, einen wesentlichen Vorteil gegenüber dem Westen gerade aus dem Faktum seiner Rückständigkeit ziehen. Denn wenn sich die Welt auf den Sozialismus hin entwickelte – wovon Sun überzeugt war –, so hatte das vorindustrielle China die Chance, unbehindert durch die antagonistischen Widersprüche, zu denen die kapitalistische Entwicklung im Westen geführt hatte, gleich in die Periode des Sozialismus einzutreten.

Eine der wichtigsten Aufgaben bestand somit darin, alle Elemente zu beseitigen, die im Laufe der weiteren Entwicklung die Entstehung von Klassengegensätzen in China begünstigen konnten. Statt Klassenkampf sollte eine sinnvolle Zusammenarbeit der Klassen, statt Abschaffung der Klassen ihre funktionale Abstimmung, wie sie einer modernen arbeitsteiligen Gesellschaft entsprach, gefördert werden. Da Sun China insgesamt als ein armes Land ansah, zählte er die Aufhebung krasser Vermögensunterschiede nicht zu seinen wichtigsten

Aufgaben. Die vordringlichste Aufgabe sah er vielmehr darin, durch eine gerechte Verteilung des Nationaleinkommens die äußerste Armut zu beseitigen und jene „Vier Notwendigkeiten“ zu sichern, die für den Lebensunterhalt des Volkes entscheidend waren: Nahrung, Wohnung, Kleidung und Verkehrsmittel.
Wichtige Ansatzpunkte dazu sah Sun in einer gerechten und gewaltlosen Verteilung des Landbesitzes und einer staatlich gelenkten Abschöpfung des Wertzuwachses, den der Boden im Laufe des Entwicklungsprozesses erfahren würde, zugunsten der Allgemeinheit sowie in einer staatlich kontrollierten Entwicklung von Verkehrswesen, Bergbau und Industrie. In Ergänzung zu diesem System privater und staatlicher Initiativen hoffte er, Wirtschaftskräfte der Industriestaaten für ein umfassendes Programm zur „Internationalen Entwicklung Chinas“ mobilisieren zu können. „Kurz gesagt“, so beendete er seinen Programmentwurf, „besteht mein Plan darin, den Kapitalismus dazu zu veranlassen, in China den Sozialismus zu errichten, damit diese beiden ökonomischen Kräfte der menschlichen Evolution in der zukünftigen Zivilisation Seite an Seite wirken.“
Als Sun Yat-sen am 12. März 1925 in Peking starb, war keines seiner Grundziele erreicht. Zwar war es gelungen, die Ch'ing-Dynastie zur Abdankung zu zwingen und die Monarchie abzuschaffen – weder war jedoch die nationale Einigung vollzogen noch ein funktionierendes demokratisches System auch nur in Ansätzen vorhanden. Noch weiter von einer Lösung entfernt waren die ökonomischen Probleme: Statt die Kuomintang (KMT) zu unterstützen und das von Sun vorgeschlagene Entwicklungsprogramm durch großzügige multilaterale Hilfeleistungen in die Tat umzusetzen, hatten die westlichen Industriestaaten ihre Politik der wirtschaftlichen Durchdringung und Ausbeutung Chinas wieder aufgenommen. Ebenso kurzsichtig zeigten sich die chinesischen Großgrundbesitzer, von denen inzwischen viele in die KMT eingetreten waren. Statt Sun dabei zu helfen, durch umfassende Reformen die soziale Lage der chinesischen Bauern zu verbessern und auf diese Weise zugleich auch das gefährliche Konfliktpotential zu entschärfen, das sich auf dem Lande angesammelt hatte und sich in verschiedenen Provinzen schon in schweren Unruhen zu entladen begann, benutzten sie ihren Einfluß dazu, die Reformansätze in der Partei zu ersticken. Die Entdeckung und Ausnutzung des revolutionären Potentials der chinesischen Bauern blieb somit jener Partei überlassen, die sich bislang vornehmlich in den Städten etabliert hatte und dort erfolgreich damit beschäftigt war, das junge chinesiche Proletariat zu organisieren – die Kommunistische Partei Chinas. Nur kurze Zeit nach dem Tode Sun Yat-sens hatte einer ihrer jungen Funktionäre, der in Hunan die Bauernbewegungen studiert hatte, die Partei in einem Bericht auf die revolutionäre Bedeutung der chinesischen Bauernschaft aufmerksam gemacht: Mao Tse-tung.

Auf der Suche nach einer neuen Kultur

Obwohl sich die Nationale Volkspartei Sun Yat-sens und die Kommunistische Partei Chinas (KPCh) zu den großen Gegenspielern entwickelten, deren Auseinandersetzung die weitere Entwicklung in China wesentlich prägte, wäre nichts weniger zutreffend, als im Kommunismus die nächste Stufe in jenem gewaltigen geistigen Transformationsprozeß zu sehen, den China im 19. und 20. Jahrhundert durchlief. Der Übergang verlief erheblich komplizierter. Denn die eigentliche Radikalisierung erfuhr die chinesische Revolution schon einige Jahre, bevor der chinesische Kommunismus die politische Bühne Chinas betrat und zu jener Kraft wurde, die die von der KMT „vertagte Revolution" aufnahm und erfolgreich weiterführte.

Die Begeisterung über die Republik war nur kurz gewesen. Denn schnell war sichtbar geworden, daß auch mit der Übernahme westlicher Institutionen wenig erreicht wurde. Die Erklärung dafür war einfach: Weder besaß die Mehrheit der neuen Volksvertreter den republikanischen ‚Geist', dessen die neuen Institutionen bedurften, noch waren sie im Besitz der gesellschaftlichen Macht. Letzteres wurde am deutlichsten dadurch symbolisiert, daß Sun Yat-sen, der am 29. Dezember 1911 in Nanking zum ersten provisorischen Präsidenten der Republik gewählt worden war, schon wenige Wochen später zugunsten von *Yüan Shih-k'ai* auf sein Amt verzichten mußte. Dieser aber, hoher Würdenträger unter den Ch'ing und Kommandeur chinesischer Elitetruppen, hatte nicht nur sofort damit begonnen, den Einfluß der republikanischen Bewegung zurückzudrängen, sondern auch bald Schritte zur Wiedereinführung der Monarchie eingeleitet. Außerdem war unter seinem Schutz der Einfluß der konservativen Kreise gewachsen, und mit diesen schien auch der Konfuzianismus zu neuen Ehren zu kommen: 1914 führte Yüan den Konfuzius-Kult wieder ein, und gleichzeitig liefen Vorbereitungen, den Konfuzianismus wieder als die Grundlage für nationale Erziehung verfassungsmäßig zu verankern.

Mit dem Aufschwung des Konfuzianismus wuchs allerdings auch der Widerstand gegen ihn. Aber während sich die Kritik bislang lediglich gegen einzelne Elemente der konfuzianischen Lehre gewandt hatte, begann sie sich nun auf die prinzipielle Ebene zu verlagern und damit zu radikalisieren. Zentrum des Widerstands waren viele der jungen chinesischen Intellektuellen, die im Westen oder in Japan studiert hatten und dort mit westlichem Gedankengut vertraut gemacht worden waren. Als Lehrer und Professoren an den neuen chinesischen Schulen und Universitäten, aber auch als Herausgeber neuer Zeitschriften oder Massenzeitungen nahmen sie den Kampf gegen die konfuzianische Lehre auf und übten bald einen gewaltigen Einfluß auf die junge Generation Chinas aus.

Zu den Protagonisten dieser „Bewegung für eine Neue Kultur", die in den Jahren zwischen 1915 und 1923 an Dynamik gewann und in der 4.-Mai-Bewegung ihren Höhepunkt fand, gehörten neben Ch'en Tu-hsiu, Herausgeber der einflußreichen Zeitschrift „Neue Jugend" *(Hsin ch'ing-nien)* und später Dekan der philosophischen Fakultät der Pekinger Universität, Männer wie Hu Shih und Li Ta-chao, die Dichter Liu Fu und Lu Hsün, Wu Yü, Kao I-han und zahlreiche andere. Und wenn sich ihre Vorstellungen und Visionen vom neuen China auch erheblich voneinander unterschieden, so einte sie doch der gemeinsame Kampf gegen die Tyrannei der konfuzianischen Tradition. Den Konfuzianismus betrachteten sie nicht nur als die Hauptursache für den Niedergang ihres Landes, sondern auch als absolut unverträglich mit einer auf den Werten der Freiheit und Gleichheit aufgebauten Gesellschaft. Während so die konfuzianischen Kardinaltugenden wie Kindesliebe *(hsiao)* und Loyalität dem Herrscher gegenüber *(chung)* ins Kreuzfeuer der Kritik gerieten, avancierten „Demokratie" und „Wissenschaft" zu den geistigen Leuchtfeuern der neuen revolutionären Intelligenz.
Nicht zuletzt der Widerstand der konservativen Politiker und regionalen Machthaber gegenüber den neuen Ideen zeigte, daß ethische und religiöse, philosophische und literarische Reformen zwar wichtige Voraussetzungen für eine Änderung der politischen Lage Chinas bildeten, daß sie jedoch politisches Engagement und praktikable Programme nicht ersetzten. Dies bestätigte auch der Verrat chinesischer Interessen durch die westlichen Mächte auf den Versailler Friedenskonferenzen, der den letzten Anstoß für eine weitere folgenschwere Spaltung der chinesischen Intelligenz gab. Während ein Teil den westlichen Ideen treu blieb und sich auch weiterhin für sie einsetzte, wandte sich ein anderer enttäuscht, aber auch angewidert von den Massakern des 1. Weltkriegs, der den kalten Materialismus der westlichen Zivilisation zu enthüllen schien, von ihnen ab. Allerdings kehrten nicht alle von diesen wieder zum Konfuzianismus zurück. Angeführt von Ch'en Tu-hsiu und Li Ta-chao, suchten einige nun bei jener westlichen Ideologie ihr Heil, die ihnen am fortschrittlichsten erschien und die gerade einen Beweis ihrer politischen Wirksamkeit abgelegt hatte: beim Marxismus-Leninismus.

Die kommunistische Bewegung

Wenn sich die chinesischen Kommunisten anfangs eng an die europäischen Vorlagen hielten, so war dies sowohl auf den Einfluß der Komintern zurückzuführen wie auf die Tatsache, daß sich viele von ihnen die neue Lehre allein durch Buchlektüre angeeignet hatten. Dennoch verliehen sie dem Kommunismus schon früh spezifisch chinesische

Zusätze. Es war insbesondere Li Ta-chao – neben Ch'en Tu-hsiu der einflußreichste geistige Führer der jungen kommunistischen Bewegung –, der den Versuch unternahm, den Marxismus-Leninismus den chinesischen Bedürfnissen anzupassen und damit für China annehmbar zu machen. Das aber hieß vor allem jene Elemente dieser dem Boden der westlichen Industriestaaten entwachsenen Lehre umzuformen, die ihre unmittelbare Relevanz für das China der 20er Jahre in Frage stellten, wie zum Beispiel die strenge geschichtsphilosophische Phasierung, derzufolge das überwiegend agrarische China noch weit von den Voraussetzungen einer proletarischen Revolution entfernt war; aber auch die dominante Rolle des städtischen Proletariats, das trotz einiger erfolgreicher Streiks in China noch kein bedeutsamer politischer Faktor war. Insgesamt ging es also vor allem darum, die große Bedeutung, die Marx und Engels dem gesellschaftlichen „Sein", insbesondere der Entwicklung der Produktivkräfte zugewiesen hatten, zurückzunehmen und statt dessen die Eigenständigkeit des menschlichen „Bewußtseins" stärker hervorzuheben.
Genau dies leistete die Interpretation Li Ta-chaos: Sie milderte den geschichtsphilosophischen Determinismus und steigerte die Bedeutung des menschlichen Bewußtseins bis an die Grenzen des Voluntarismus; sie betonte die chiliastische Erwartung des baldigen Sieges der proletarischen Revolution und vernachlässigte die dazu notwendigen Stufen in der gesellschaftlichen Entwicklung; sie spielte die Bedeutung des städtischen Proletariats herunter und rückte statt dessen das „Volk" als Ganzes, insbesondere aber die revolutionäre Dynamik der chinesischen Bauern in den Vordergrund; sie ignorierte den Entwicklungsstand der Produktivkräfte in China und kompensierte seine fehlende wirtschaftliche Reife durch Betonung der Rolle Chinas im internationalen Klassenkampf. Letzteres aber ermöglichte es Li, für China den Status einer „proletarischen Nation" zu reklamieren und auf diese Weise den chinesischen Nationalismus mit dem kommunistischen Internationalismus in Einklang zu bringen.
Li als einen geistigen Vorläufer *Mao Tse-tungs* zu bezeichnen wäre ebenso unzutreffend, wie in Mao lediglich einen Schüler Lis zu sehen. Dennoch kann nicht übersehen werden, daß sich wichtige Elemente der Marxismus-Leninismus-Rezeption von Li Ta-chao an zentraler Stelle im Werke Maos wiederfinden. Dies lag nicht nur an dem geistigen Einfluß Lis, unter dem Mao in seiner Jugend stand, sondern wohl vor allem daran, daß auch Mao nicht dogmatisch die Prinzipien und Postulate des Marxismus-Leninismus übernahm, sondern seine Strategien flexibel den Gegebenheiten in China anpaßte. Diese aber begünstigten gerade die populistischen, voluntaristischen und nationalistischen Neigungen, die er mit Li Ta-chao teilte. Allerdings waren auch diese Neigungen nicht so dominant, daß sie Mao den Blick für die Realität und das Realisierbare verstellten: Weder behinderte sein

Populismus sein Eintreten für die unbedingte Führungsrolle der kommunistischen Partei, noch lähmte sein Voluntarismus seinen Hang zu empirischen Studien, und auch sein Nationalismus war nicht so eng, daß er ihm den Blick für die internationale Mission der kommunistischen Weltbewegung verstellte. Die Tatsache, daß die „Gedanken Mao Tse-tungs" so widersprüchliche, ja entgegengesetzte Elemente miteinander vereinen, ist sicherlich einer der Gründe dafür, daß sich Chou En-lai und die sogenannten Pragmatiker später mit derselben Berechtigung auf sie berufen konnten wie die Radikalen um die sogenannte „Viererbande".

Die Breite ihres Spektrums, aber auch ihre Widersprüchlichkeit erklären allerdings auch die Schwierigkeit, die zentralen Elemente der Lehren Mao Tse-tungs zu identifizieren. Hinzu kommt, daß Mao nicht primär am Entwurf einer in sich abgeschlossenen Weltanschauung interessiert war, sondern an der Lösung der konkreten militärischen, politischen und wirtschaftlichen Probleme, die sich ihm stellten. Daß sich viele der dabei entwickelten Strategien kaum oder gar nicht mit der marxistisch-leninistischen Orthodoxie in Einklang bringen ließen, fiel ihm um so weniger auf, als er mit dieser Orthodoxie erst relativ spät vertraut wurde. Doch auch wenn ihm diese Unvereinbarkeit bewußt war, wies er spezifisch chinesische Lösungen doch eine höhere Priorität zu.

Die Folge dieser Haltung war, daß Mao Tse-tung fast von Anfang an für Strategien plädierte, denen die damalige Parteiführung ablehnend gegenüberstand. Dies galt sowohl für seine Forderung, eine Rote Armee aufzubauen, statt auf einen allgemeinen Aufstand der Massen zu setzen, wie auch für seine Entscheidung, stärker das revolutionäre Potential der Landbevölkerung zu berücksichtigen und die Revolution von den Landgebieten aus zu führen. Obwohl sich diese Strategien nach dem Zusammenbruch des Bündnisses mit der KMT und der Zerschlagung der kommunistischen Basen in den Städten geradezu aufdrängten, war es unter den kommunistischen Führern doch vor allem Mao, der die Zeichen der Zeit verstand und konsequent befolgte.

Daß sich seine Strategie schließlich als richtig erwies, war freilich nicht allein ihrer konsequenten Durchführung zu verdanken. Auch die äußeren Umstände arbeiteten den chinesischen Kommunisten in die Hände, zum Beispiel ein ländlicher Nationalismus, der sich nach der Besetzung weiter Gebiete Chinas durch japanische Truppen ausbreitete, aber auch die Unfähigkeit der KMT, durch großzügige Reformen die chinesische Landbevölkerung auf ihre Seite zu ziehen.

Gerade diese Schwächen aber waren es, die die chinesischen Kommunisten zu ihren Gunsten ausnutzten: So verschafften sie sich durch eine konsequente antijapanische Politik ein überzeugendes nationales Profil und verstärkten durch geschickt durchgeführte Landreformen in den von ihnen kontrollierten Gebieten ihre Glaubwürdigkeit

als soziale Reformer. „Anti-feudalistische" und „anti-imperialistische" Aktivitäten ergänzten einander und brachten ihnen die Zuwendung großer Teile der chinesischen Bevölkerung.
Ein weiteres wichtiges Charakteristikum der maoistischen Linie vor 1949 bestand in der Fähigkeit, die eigene Position nicht zu überziehen. Statt auf Maximalforderungen zu beharren, nützten die Kommunisten die Widersprüche im gegnerischen Lager aus und bildeten durch geschickte politische und organisatorische Kompromisse breite Allianzen, in der Hoffnung, auf diese Weise ihre Feinde nacheinander isolieren und vernichten zu können. So gelang ihnen nicht nur durch eine maßvolle Reformpolitik in den von ihnen kontrollierten Gebieten eine „Einheitsfront von unten", sondern durch eine antijapanische Allianz mit der KMT auch die Bildung einer „Einheitsfront von oben". Zwar war der unmittelbare Nutzen der letzteren nur gering, doch trug auch sie dazu bei, ihre nationale Zuverlässigkeit zu dokumentieren und Zeit für den Endkampf mit der KMT zu gewinnen.
Obwohl Mao zu keiner Zeit die Führungsrolle der kommunistischen Partei grundsätzlich in Frage stellte und auch den „demokratischen Zentralismus" kaum weniger zentralistisch als Lenin und Stalin handhabte, gilt er doch – anders als die beiden sowjetischen Führer – als ein Befürworter der Basis-Demokratie. Ideologisch ist dieser Ruf durch starke populistische Elemente in seinen Schriften begründet. So wurde Mao nicht müde, die „Massen" als die wahren Helden und Schöpfer der Geschichte zu preisen und die Partei dazu anzuhalten, sich ihrer Weisheit und ihrem Willen zu unterwerfen. Ihren ideologischen und organisatorischen Ausdruck fand diese Vorstellung in der Theorie der „Massenlinie". Diese besagte in ihrem Kern, daß eine richtige Führung stets „aus den Massen schöpfen und in die Massen hineintragen" müsse. Während die „Massenlinie" die Bedeutung der Massen herausstellte, schränkte sie diese durch ihre Bindung an die klärende Funktion der Partei allerdings gleichzeitig auch wieder ein und versöhnte so – zumindest in der Theorie – den Gegensatz, der zwischen dem absoluten Führungsanspruch der Partei und dem Prinzip der Volksherrschaft besteht.
Einen besonderen Rang innerhalb jener „Massen" nehmen dabei die armen Bauern ein. Ihre moralische Integrität und revolutionäre Reinheit schätzte Mao so hoch ein, daß er sie zur zuverlässigsten Stütze der Revolution erklärte und nicht nur große Teile der städtischen Jugend aufs Land schickte, um sie von ihnen zu echten „revolutionären Nachfolgern" erziehen zu lassen, sondern selbst Parteikader ihrem reinigenden Einfluß unterstellte. Daß Mao sich, indem er den „armen Bauern" ein höher entwickeltes revolutionäres Bewußtsein unterstellte als dem städtischen Proletariat, von der marxistisch-leninistischen Orthodoxie entfernte, ist evident. Weniger deutlich ist dagegen, daß er mit der ‚Aufs-Land-Bewewgung' *(hsia-fang)* auch ein wichtiges

Prinzip der konfuzianischen Tradition in die kommunistische Ideologie einbrachte: den Glauben an die Kraft der Erziehung. Während Marx und Lenin gehofft hatten, der Rausch der Revolution und die Umwälzung der bestehenden Produktionsverhältnisse werde einen „neuen Menschen" hervorbringen, vertraute Mao vor allem auf die Kraft des Vorbilds und der Erziehung. Offenbar glaubte er, durch sie die fehlende ökonomische Reife Chinas ersetzen zu können. Kampagnen zur Erziehung selbstloser, der Revolution und dem Kollektiv treu ergebener Menschen durchzogen daher seit den Tagen von Ching-kang-shan die Geschichte der kommunistischen Bewegung in China. Dabei wechselten Adressaten und spezifische Zielsetzungen von Etappe zu Etappe: Stellte sich anfangs die Aufgabe, aus einem Haufen von Vagabunden, Banditen, Deserteuren, Studenten, armen Bauern und einigen Arbeitern eine den Zielen des Kommunismus ergebene Partei und Armee zu schmieden, so wurde nach der Machtübernahme das Spektrum der Aufgaben noch breiter. Neben der Umerziehung der ehemaligen Klassenfeinde und der Brechung des Einflusses einer jahrtausendealten Kultur, ging es nun vor allem darum, die Bevölkerung angesichts der wirtschaftlichen Rückständigkeit des Landes zu einem asketischen Verhalten anzuhalten und zum Aufbau einer sozialistischen Gesellschaft zu mobilisieren.
Doch noch ein weiteres Problem rückte bald ins Zentrum der Aufmerksamkeit und erforderte neue erzieherische Anstrengungen: das Anwachsen bürgerlicher und bürokratischer Tendenzen innerhalb der KPCh. Sie signalisierten den Aufstieg einer „neuen Klasse", die ähnlich wie in der Sowjetunion die Entwicklung einer egalitären Gesellschaft zu untergraben drohte. Obwohl sich Mao nicht scheute, gegen diese Gefährdungen mit Hilfe repressiver Maßnahmen vorzugehen, setzte er doch gleichzeitig weiter auf geistige Umerziehung durch moralische Erziehung und ideologische Indoktrination. Markantesten Ausdruck fand diese Kombination aus Terror, Repression und Indoktrination in der „Großen Proletarischen Kulturrevolution". Diese artikulierte die Ansicht des chinesischen Parteivorsitzenden, daß der Ausbau des Sozialismus sich nicht auf revolutionäre Umwälzungen auf der Ebene des gesellschaftlichen „Seins" beschränken dürfe, sondern auch eine Revolutionierung des Bewußtseins einzubeziehen habe. Zum anderen brachte sie seine Überzeugung zum Ausdruck, daß der Prozeß der revolutionären Umgestaltung auch unter der „Diktatur des Proletariats" fortgesetzt werden müsse.
Es ist wenig wahrscheinlich, daß Mao Tse-tung von den Gefährdungen seiner Vision überrascht wurde. Denn schon Jahrzehnte zuvor hatte er sich um den wissenschaftlichen Nachweis dafür bemüht, daß die Widersprüche – Merkmal jeder Realität und Motor aller in ihr sich vollziehenden Veränderungen und Entwicklungen – auch die kommunistische Gesellschaft prägen würden und daß somit auch

diese nur eine vorübergehende Etappe in einem Prozeß sei, der erst mit dem Ende der Welt aufhören würde. Anpassung an diesen Wandel verlangte deshalb den ständigen Kampf oder, wie Mao es ausdrückte, die „permanente Revolution" in allen Bereichen.

Während sich die Forderung nach „permanenter Revolution" bei Mao sowohl auf die permanente Weiterentwicklung der Produktivkräfte wie auf die Fortsetzung der Revolution im politischen und geistigen Bereich bezog, begannen diese beiden Komponenten unter seinen Nachfolgern auseinanderzufallen und zu Kristallisationspunkten von zwei „Linien" und Lagern zu werden. Dabei konnten sich die „Radikalen" um Chang Ch'un-ch'iao und Chiang Ch'ing, die das Schwergewicht ihrer Aktivitäten auf die Bereiche des „Überbaus" verlagerten und sich vornehmlich dem Klassenkampf, der Veränderung der Produktionsverhältnisse und der Indoktrinierung der Bevölkerung widmeten, ebenso auf Mao Tse-tung berufen wie die „Pragmatiker", die für eine forcierte Modernisierung des Landes eintraten. Lange Zeit war es Mao gelungen, die beiden Lager und „Linien" in einer schwankenden Balance zu halten und die Dialektik ihres Kampfes für die Weiterentwicklung der Gesellschaft zu nutzen; nach der Kulturrevolution begann sich das Pendel jedoch zunehmend den Pragmatikern zuzuneigen. Sie waren es, die mit ihrer Politik des wirtschaftlichen Wachstums und der materiellen Anreize, des Fachwissens und der Modernisierung die Hoffnungen der Bevölkerung auf Wohlstand und der Armee auf militärische Stärke auf sich zogen. Zwar gelang es den Radikalen kurz vor dem Tode Maos noch einmal, sie in die Defensive zu drängen, doch nur wenige Wochen nach dem Ableben des Parteivorsitzenden übernahmen die Pragmatiker endgültig die Macht. An die Stelle von „revolutionärer Unruhe" und „Klassenkampf" traten nun „Ruhe und Ordnung" – Voraussetzungen für die konsequente Durchsetzung der Politik der „vier Modernisierungen", die Chou En-lai noch kurz vor seinem Tode eingeleitet hatte. Mit ihr hat in China erneut eine Kulturrevolution begonnen – eine andere freilich als jene, die Mao 1966 einleitete. Es ist jene Revolution der Kultur, die zu Beginn des 18. Jahrhunderts im Westen von der industriellen Revolution ausgelöst wurde und die inzwischen große Teile der Erde erfaßt hat. Chang Chih-tung hatte zu Beginn des 20. Jahrhunderts noch gehofft, es sei möglich, das „westliche Wissen" zu nutzen, ohne die Seele Chinas opfern zu müssen. Sun Yat-sen, Chiang Kai-shek und Mao Tse-tung hatten diese Hoffnung geteilt. Auch ihre Nachfolger mögen sie noch nicht aufgegeben haben und sich der Erwartung hingeben, die Identität Chinas wahren zu können. Dennoch dürfte sie der neue Kurs unmerklich, aber unwiderstehlich in eine Gesellschaft führen, die sich von dem Typus der modernen Industriegesellschaft, der sich in großen Teilen der Welt schon durchgesetzt hat, nur noch unwesentlich unterscheidet.

Japan

Japan und die Welt

Japan ist das einzige Land unter den modernen Industriegesellschaften, das eindeutig *nicht* aus dem *christlich-westlichen Kulturbereich* stammt. Vieles von seinem heutigen Erfolg als **drittem kapitalistischem Zentrum** nach den USA und der Europäischen Gemeinschaft geht auf seine besondere *Tradition* und auf die Umstände seiner *Konfrontation mit dem Westen* zurück.
Die beiden stärksten **Anstöße** gingen von den *USA* als *pazifischer Großmacht* aus: 1853/54 und 1945. Mit militärischer Drohung wurde die *„Öffnung" Japans* für den freien Handel durchgesetzt; die *ungleichen Verträge* mit westlichen Mächten schränkten die Souveränität des Landes stark ein, so durch Verzicht auf die Zollhoheit, mit schweren Folgen für die einheimische Wirtschaft. Japan war damit auf den *Weg zu einem unterentwickelten Land* gestoßen; daß es trotzdem den *„Entwicklungspfad"* einschlug und nicht Kolonie wurde, lag zunächst an einigen *günstigen Bedingungen:* weltpolitische Randlage, kulturellgeschichtliche Geschlossenheit, Existenz eines hochentwickelten Handelskapitals, hohe Qualifikation und Arbeitsfähigkeit der Bevölkerung und dergleichen. Besonders wichtig war die *Entschlossenheit einer herrschenden Klasse* mit hochkulturellem Hintergrund und langer Herrschaftserfahrung; seit 1868, dem Beginn der **Meiji-Reformen,** errichtete sie einen *modernen Staat,* d.h. vor allem eine mächtige, qualifizierte und politisch zielbewußte *Bürokratie,* welche die politische und ökonomische Entwicklung im einzelnen lenkte. Um 1900 konnten die ungleichen Verträge abgelöst werden, konnte Japan als *imperialistische Macht* auftreten (Sieg über Rußland 1905).
Eine grundlegende Maßnahme der neuen Führung bildete die **Beseitigung der feudalen Privilegien.** *Die Territorialfürsten* (Daimyo) wie deren zahlreiche Kriegergefolgschaft (Samurai; etwa 5% der Bevölkerung) wurden als Feudalklassen entmachtet; durch Entschädigungen wurde ihnen der Übergang in *neue Funktionen* nahegelegt: sie wurden zu Finanzmagnaten, Unternehmern und vor allem zu Beamten, Militärs, Lehrern und Professoren, die sich oft mit großem Einsatz ihren neuen Aufgaben widmeten. Die Beseitigung der Feudalprivilegien war keine wirkliche Befreiung der Bauern (bis 1945): ihre sehr hohen Pachtabgaben gingen nun an die Grundbesitzer, die davon die neu eingeführte, hohe Grundsteuer bezahlten. Deren Anteil an den gesamten Steuereinnahmen betrug bis zum Ende des 19. Jahrhunderts zwischen 50 und 90% – Japan hat sich *„aus eigener Kraft" industrialisiert,* d.h. vor allem auf Kosten der Bauern.

Der Niederkämpfung von Aufständen (Bauern; benachteiligte Samurai), der Einbindung von liberalen Tendenzen, überhaupt: der Schaffung einer **geschlossenen, konservativen Nation** dienten einige wichtige Institutionen. Es wurde eine moderne *Armee* mit allgemeiner *Wehrpflicht* eingerichtet. Das *Erziehungswesen* wurde effektiv ausgebaut (Japan ist heute das Land mit dem höchsten Alphabetisierungsgrad) – außer an der Spitze auf reproduktives Lernen und obrigkeitliche Ergebenheit orientiert, bis 1945 mit einem speziellen *Moralunterricht.* Dessen oberstes Ziel stellte die Verankerung des *Kaisers* als oberstem, göttlichem *Vater jedes Japaners* dar, in einer mythischen Überhöhung, welche die naturreligiösen Traditionen des *Shintoismus* und die obrigkeitliche Tradition des *Konfuzianismus* bewußt zum Mittel konservativer Nationbildung machte. Als letzter Schritt wurde eine *Verfassung* nach *preußisch-deutschem Vorbild* verkündet – ohne Verantwortlichkeit der Regierung gegenüber dem Parlament.
Trotz der Benachteiligung durch die ungleichen Verträge wurde von der *Oligarchie* an der Spitze des neuen Staates die **Industrialisierung** vorangetrieben. Technisches und wissenschaftliches *Wissen* wurde massiv *importiert* (v.a. durch Einstellung westlicher Experten); ausländisches *Geldkapital* wurde bewußt so weit möglich *draußengehalten;* technologisch hochwertige *Kapitalgüter* wurden *selektiv* zum Aufbau bestimmter industrieller Sektoren *importiert* (Konsumgüter dagegen rigoros ausgeschlossen). Die Geldkapitalversorgung geschah durch den Aufbau eines *Bankensystems* und einer Zentralbank; Quellen waren die Gewinne der äußerst gering besteuerten Geschäftsleute und die – wegen fehlender sozialpolitischer Sicherungen relativ hohen – Ersparnisse der kleinen Leute; weiter wichtig: direkte staatliche Schenkungen und Subventionen sowie die staatlich bestätigten Niedrigstlöhne (Gewerkschaftsverbot).
Für viele Jahrzehnte wurden aus militärischen Gründen Teile der **Schwerindustrie** gefördert (Werften, Munitionsfabriken), teilweise durch Aufbau ganzer Werke, die man vielfach an Private verschenkte (auch zur Herstellung innenpolitischer Allianzen); in diesem Zusammenhang entstanden die für Japan charakteristischen *„Zaibatsu“* (große *Mischkonzerne* im Besitz einzelner Familien, mit engen Beziehungen zum Staat, 1945 von den USA verboten). Hier gab es eine moderne Industrie, die den Namen verdiente – aber quantitativ blieb sie bis in die zwanziger, ja bis in die fünfziger Jahre unzureichend, und qualitativ fehlten wichtige Zweige fast ganz (daher ist Japan bis heute ein wichtiger Abnehmer der deutschen Großchemie). Weit wichtiger, noch bis nach dem Zweiten Weltkrieg, war die **Leicht-,** vor allem die **Textilindustrie** (Exportanteil 1870 etwa 50%, im Jahrzehnt 1920 bis 1930 etwa 60%; Leichtindustrie insgesamt noch 1960: 49%; 1981: 12%). Bedeutend war sie nicht zuletzt deswegen, weil dort die Töchter armer Bauern arbeiteten, quasi leibeigen und zu Niedrigstlöhnen.

„Industrie“ ist allerdings etwas irreführend – gerade in diesem Sektor dominieren *vorindustrielle Verhältnisse.* Zu diesem in Europa wenig bekannten Sektor einige Angaben: 1909 gab es etwa 800000 Fabrikarbeiter in Betrieben mit mehr als vier Beschäftigten; der große Rest der Beschäftigten, etwa *drei Viertel* der Gesamtzahl, arbeiteten in *kleinen Werkstätten.* 1930 war das Verhältnis *zwei Drittel,* und noch heute (1980) ist gut *die Hälfte* aller Beschäftigten in der Industrie in Betrieben mit maximal fünf Beschäftigten tätig (und mehr als zwei Drittel *aller* 48 Millionen Arbeitnehmer arbeiten in Betrieben mit höchstens *vier Beschäftigten*). Hier war und ist der Ort der traditionellen, letztlich in der dörflichen Landwirtschaft verwurzelten, *gruppenorientierten Sozialorganisation,* während sie in den großen Unternehmen erst wieder neu aufgegriffen wurde.
Der **Dualismus** dieser beiden Sektoren ist jedenfalls ein bis heute hervorstechendes Merkmal der japanischen industriellen Entwicklung. Das andere, wohl wichtigste Merkmal ist das besondere Verhältnis von **Wirtschaft und Staat:** Es gibt keinen Liberalismus wie im Westen (besonders dem angelsächsischen). Aber eine eng mit der *wirtschaftlichen Führungsschicht* verbundene *Ministerialbürokratie* ohne sozialstaatliche Ambitionen (diese Aufgabe bleibt auch heute noch überwiegend privater Vorsorge und der Fürsorge des Unternehmens überlassen), jedoch mit erheblicher Fähigkeit zu lenkenden Vorgaben übernimmt oft die Initiative. Beide Merkmale sind bis heute wichtig geblieben; und das gegenwärtige Japan liebt es zunehmend, aufgrund solcher und anderer Merkmale (etwa der *produktivitätsfördernden Loyalität* von Management *und* Belegschaft gegenüber dem Unternehmen) die **Einzigartigkeit** seines Wirtschaftssystems auch gegenüber dem krisengeplagten Kapitalismus im Westen herauszustellen.
Japans herrschende Schicht wollte das Land „modernisieren“ – und dazu gehörten nicht nur Industrialisierung und moderne Staatsinstitutionen, sondern auch **militärische Machtapparate,** um mit den imperialistischen Mächten gleichziehen zu können: Heer und Marine. *Taiwan,* zu China gehörig, dann *Korea* wurden um 1900 erobert und rücksichtslos kolonisiert; nach dem Sieg über Rußland – in ganz Asien als Fanal erlebt – kamen *Süd-Sachalin* und russische Eisenbahnrechte in der zu China gehörenden *Mandschurei* hinzu. Japan war ins *„Konzert der Mächte“* eingetreten, freilich doch nur als „gelber“ *Juniorpartner,* immer wieder in die Schranken gewiesen, auch nach dem Ersten Weltkrieg, wo es nur einige deutsche Kolonien erhielt. Das eigentliche Ziel war *China* und *Südostasien.* Während die USA, Hauptkonkurrenzmacht im Pazifik, für eine Politik der „Offenen Tür“ gegenüber China eintraten (also Zugang für den Handel *aller* industriellen Staaten), wollte Japan hier ein quasikoloniales *Monopol,* und das verfassungsmäßig von der Regierung unabhängige Heer unternahm „militärische Schritte“. Nach einem „Zwischenfall“

besetzte es die *Mandschurei;* 1932 ließ man das „Kaiserreich Mandschukuo" ausrufen. Zunehmende Annäherung an die „Achse" Berlin–Rom ließen den *Austritt aus dem Völkerbund* zu; nach innen gab es eine *quasifaschistische Militarisierung.*
1937 wurde *China angegriffen,* wichtige Teile des großen Reiches in menschenverachtender Kriegführung erobert – bei zunehmend schweren Spannungen mit den USA. Nach dem deutschen Überfall auf die Sowjetunion und unter dem Druck eines Embargos der Westmächte hoffte man die US-Flotte durch den *Überfall auf Pearl Harbor (7. Dezember 1941)* bis zur Errichtung eines Imperiums in Südostasien („Großostasiatischer Raum Gemeinsamer Prosperität") lahmlegen zu können. In wenigen Monaten wurden die Europäer aus ihren Kolonien vertrieben (für immer), aber vor der technologisch wie quantitativ weit überlegenen Wirtschafts- und Militärmacht der Vereinigten Staaten mußte Japan schließlich *kapitulieren* (2. September 1945). Seither ist es ein *abhängiger Partner der USA* (ständige Stationierungsrechte) mit politisch eng begrenztem Spielraum.
Gegen den japanischen Militarismus setzten die Vereinigten Staaten als – ein Vorteil für Japan – einzige Besatzungsmacht einige **Reformmaßnahmen** durch. Die *Landreform* schaffte den Großgrundbesitz an den Zwergpachthöfen ab (mit der Folge einer enormen Steigerung der Binnennachfrage; etwa die Hälfte der Erwerbstätigen war in der Landwirtschaft tätig). Die *Reform des Schulwesens* beseitigte ständische und nationalistische Formen und Inhalte, förderte die Aufstiegsmöglichkeiten (Einheitsschule); dazu trug auch die Schrift- und Sprachreform bei. Der Kaiser wurde zum bloßen Symbol der Einheit der Nation erklärt, die *neue Verfassung* machte die Regierung dem Parlament verantwortlich und verbot jede Rüstung. Diesen Punkt sowie die anfängliche Förderung von Gewerkschaften und Arbeiterparteien suchte die Besatzungsmacht bald rückgängig zu machen (nur letzteres im Einvernehmen mit der bis heute herrschenden konservativen Regierungspartei). Doch die *Lektion* des vorher nie erlebten *Kriegselends* sitzt in Japan bis heute tief; weit stärker als in Deutschland ist ein stark gefühlsmäßig-pazifistischer *Widerstand gegen Aufrüstung* verbreitet. So gibt es nur eine relativ geringe Rüstung *(„Selbstverteidigung"),* keine allgemeine Wehrpflicht und drei Prinzipien gegen Lagerung, Herstellung und Anwendung von *Atomwaffen.*
Hier liegt bis heute eine *Konfliktlinie zu den USA:* bis in die sechziger Jahre gab es heftige Proteste gegen die Bindung an die Vereinigten Staaten durch den Friedensvertrag von 1951, und neuerdings geht es um die Forderung Washingtons, die Rüstungsausgaben über die Schwelle von 1% des Bruttosozialprodukts anzuheben (was auch auf Widerstand in der Industrie stößt, weil dadurch weniger Mittel für Investitionen zur Verfügung stehen: der Anteil der Bruttoanlageinvestitionen am Bruttosozialprodukt bewegt sich in Japan zwischen einem

Viertel und einem Drittel, in USA liegt er unter einem Fünftel – mit Folgen fürs Wirtschaftswachstum). Abgesehen von der Rüstungsfrage ist aber das *US-amerikanische Vorbild* in vieler Hinsicht sehr prägend, stärker als in Europa und selbst in der Bundesrepublik. Die genannten Reformen wurden im Ganzen von der Mehrheit der Japaner begrüßt, und die materielle Überlegenheit wie das zivile Verhalten der Besatzungstruppen hinterließen einen nachhaltigen Eindruck.

Die wichtigste andere Konfliktlinie mit den USA liegt im **Außenhandel.** Nach eher planwirtschaftlichen Anfängen der japanischen Wirtschaftspolitik nach 1945 förderten die USA die Herstellung einer *freien Marktwirtschaft* und die Eingliederung in den *Weltmarkt* durch Kredite; Reparationen wurden nicht verlangt. Die US-Kriegführung in Korea und später in Vietnam brachte massive *Nachfrageimpulse.* Ende 1950 bereits hatte die Industrieproduktion den Vorkriegsstand erreicht – die Reallöhne erst 1953: die Brandbomben der US Air Force hatten nicht so sehr die stabileren Industrieanlagen als vielmehr die Wohnstätten der Japaner vernichtet; der Verlust von Hab und Gut führte ebenso wie die enorme Disziplinierung durch die Kriegsarbeit zu einem fast fanatischen und zugleich sozial anspruchslosen *Wiederaufbau-Arbeitseifer.* So begann später als in der Bundesrepublik, aber dann stärker und anhaltender die Zeit des **Hochwachstums.** Heute (1982) werden 11% der Industrieproduktion der kapitalistischen Welt in Japan erzeugt. Wegen der *Rohstoffarmut* (Importquote von Rohstoffen einschl. Kohle und Öl: 1960: 66%, 1981: 65%) ist Japan stark auf den *Export von Industrieprodukten* verwiesen. Daher wurden nacheinander bestimmte *Märkte auf dem Weltmarkt* erobert (und z.T. wieder aufgegeben): Textilien, Kameras, Schiffbau und Stahl, Werkzeugmaschinen, Autos usw. Besonders die USA waren davon betroffen – und wenig bereit, diese Attacken des Juniorpartners hinzunehmen. Die Forderung nach *Öffnung der Märkte* bezog sich besonders auf den *Agrarsektor* (bei völliger Berücksichtigung würde sie zum Ruin der Zwerglandwirtschaft Japans führen) und auf den *Finanzmarkt* (niedrige, nicht von außen bestimmte Zinssätze als wichtige Bedingung der Prosperität). Nur verhalten gibt die japanische Regierung und besonders ihre Bürokratie, seit über 100 Jahren auf vielfältige Praktiken zum Schutz der einheimischen Wirtschaft eingeübt, solchen Forderungen nach, und teilweise kann sie es nicht einmal (japanische Konsumgewohnheiten und überhaupt Verhaltensweisen, die eben nicht okzidental sind). Immer noch ein wenig fühlt sich Japan als **Außenseiter** unter den kapitalistischen Industrienationen, und immer noch haben diese ihrerseits Schwierigkeiten, Japan als gleichwertigen Partner und Konkurrenten hinzunehmen. Mit den Japan *nachfolgenden Schwellenländern* wird sich das Problem verschärfen, werden die führenden Industrieländer ökonomisch noch stärker in die Defensive gedrängt. Wie werden sie politisch reagieren?

Ereignisse und Entwicklungen der japanischen Geschichte

Durch tektonische Erschütterungen hervorgerufen, bilden die **japanischen Inseln** einen *Gebirgsbogen,* dessen Gipfel aus dem Meer hervorragen. Bei der *Halbinsel Korea* und bei der *Insel Sachalin* ist er dem asiatischen Festland nahe, an seinen äußeren Enden mit zwei Inselketten, den *Kurilen* und den *Ryukyu-Inseln,* mit diesem verbunden. Weite Landstriche liegen innerhalb tektonischer Bruchzonen, so daß auch heute noch starker *Vulkanismus* zu verzeichnen ist, der darauf hindeutet, daß die Gebirgsbildung noch nicht beendet ist. Folge davon sind eine Reihe tätiger Vulkane, zum Teil erhebliche *Erdbeben* auch submariner Art, die hohe Flutwellen hervorrufen, schließlich das Vorhandensein von mehr als 10000 *heißen Quellen.* Seinen geologischen Grundbedingungen entsprechend besteht die japanische Landschaft zum überwiegenden Teil aus Gebirgen und Hügelländern, so daß nicht einmal ein Fünftel der Gesamtfläche landwirtschaftlich genutzt werden kann. In der Hauptsache werden Reis, Tee und Obst angebaut. Die in frühgeschichtlicher Zeit von den Chinesen übernommene *Seidenraupenzucht* hat durch die Synthetikfaser an Bedeutung verloren. Hauptnahrungsmittel ist der *Fisch.* Japan ist hinter Peru die zweitgrößte Fischfangnation der Welt. Eine beträchtliche Rolle spielt die Perlenfischerei bzw. mehr und mehr die Züchtung von *Austernperlen.*

Die Japaner sind ein *Mischvolk,* dessen protojapanische, kontinentale und maritime Elemente schon lange zu einer ethnischen Einheit verschmolzen sind.

Aus der *vorgeschichtlichen Epoche* stammen neolithische Bodenfunde (Schmuckgegenstände, Stein-, Muschel- und Knochenwerkzeuge), die man nach den ebenfalls gefundenen Keramikformen in eine ältere Phase, die **Jomon-Kultur** (Schnurabdruck), und in eine jüngere, die **Yayoi-Kultur,** einteilt.

Die japanischen Mythen, stellen die Entstehung der japanischen Inseln als *aus dem Meer geboren und mit der Waffe geschaffen* dar. Als Schöpfer Japans gelten die Gottheiten der altjapanischen Naturreligion *(Schintoismus).* Ahnin des Kaiserhauses ist die Sonnengöttin *Amaterasu.*

1. Jh. v. Chr. Die älteste japanische Geschichte beginnt mit der Gründung des in seinen Anfängen stark sagenhaften **Yamato-Reichs** (nach der mythologischen Darstellung im Jahr 660 v. Chr.).

seit 1. Jh. n. Chr. *Expansion nach Korea* mit der Folge, daß sich einige kleinere Staaten im Südwesten der Halbinsel den Japanern unterwerfen oder mit ihnen verbündet sind. Hauptgegner der Japaner ist das koreanische Reich *Silla* (japanisch: Schiragi). Der koreanische Staat *Paechke* entsendet nach Japan Handwerker. Wichtigste Folge dieser Beziehung ist, daß über die Landbrücke die festländische *chinesische Kultur* nach Yamato vermittelt wird.

3. Jh. Die staatliche Einheit Japans beginnt mit der allmählichen *Ausbreitung des Yamato-Reichs.* Die Sozialordnung der Frühzeit beruht auf den losen *Geschlechterverbänden* der **uji,** deren Sippenhäupter als Nachkommen der Schinto-Gottheiten gelten und priesterliche wie weltliche Herrschaftsfunktionen ausüben. Neben den Geschlechterverbänden stehen die aus Halbfreien bestehenden *Bauern- und Handwerkerverbände* der **be,** die der Gewalt der einzelnen Sippen unterstellt sind. Die Zahl der *Haussklaven* (yatsuko) dürfte 5% der Bevölkerung nicht überstiegen haben. Den Sippenhäuptern des **Yamato-Clans** gelingt es durch eine geschickte Eroberungs- und Bündnispolitik allmählich, eine hegemoniale Vormachtstellung vor den anderen Geschlechterverbänden zu erringen. Als angebliche Nachkommen der Sonnengöttin *Amaterasu,* der höchsten Schinto-Gottheit, beanspruchen sie die **Kaiserwürde.**

5. Jh. Die angestrebte Zentralisierung der Verwaltung wird durch das Einströmen **chinesischer Kultur und Schrift** über die koreanische Halbinsel gefördert. Als wichtigste Vermittler treten buddhistische Missionare auf.

538 Der König des koreanischen Staates Kudara schickt dem japanischen Kaiserhof eine Buddha-Statue und buddhistische Schriften. Ein Teil des Hochadels tritt zum Buddhismus über.

594 *Kronprinz Schotoku* (* 574, † 622) erhebt den **Buddhismus** zur **Staatsreligion.** Der Kronprinz, der (593–622) die Regentschaft für seine Tante, Kaiserin *Suiko,* ausübt, setzt sich energisch für die Übernahme der Festlandskultur, die Errichtung eines zentralistischen Beamtenstaats nach chinesischem Muster ein und fördert die buddhistische Mission.

604 Die Proklamation der sogenannten **17-Artikel-Verfassung** zielt auf die Umwandlung der altjapanischen Sippengesellschaft in einen monarchischen Vasallenstaat unter Führung der Herrscher von Yamato, die den **Kaisertitel Tenno** annehmen. Durch die Einführung vom Kaiser verliehener Beamtenränge und die Schaffung eines vom Kaiserhaus abhängigen Hofadels soll die erbliche Macht der Sippenoberhäupter gebrochen werden.

607 Kronprinz Schotoku gründet den buddhistischen Horyuji bei Nara, den ältesten erhaltenen Tempel Japans.

622 Nach dem Tode des Kronprinzen Schotoku kommt der Prozeß der Umwandlung der Stammesgesellschaft in einen monarchisch-absoluten Zentralstaat zunächst zum Stillstand. Insbesondere die nach dem Kaiserhaus mächtigste Sippe, die **Soga,** die ihre Machtstellung bedroht sehen, leisten heftigen Widerstand gegen jede Verwaltungsreform.

645 Durch den erzwungenen Thronverzicht der Kaiserin *Ko-*
12. Juni *gyoku* und durch eine Verschwörung der anderen Sippenoberhäupter gegen die Soga kommt deren Bruder, Kaiser *Kotoku,* auf den Thron.

646 Kaiser Kotoku leitet durch die **Taika-Reform** einen weite-
22. Jan. ren Schritt der Modernisierung ein. Der Privatbesitz an Land und Hörigen wird aufgehoben und zugunsten des Kaisers eingezogen, der ihn als Lehen vergibt. An die Stelle der erblichen Posten der Geschlechteroberhäupter treten Beamtenstellen, die vom Kaiser besetzt und deren Inhaber durch Lehen besoldet werden. Zur Vorbereitung einer Neuordnung des Steuerwesens werden Register für regelmäßige Volkszählungen angelegt.

701 Mit dem **Taiho-Kodex** erhält Japan die erste kodifizierte Sammlung der Strafgesetze und des Verwaltungsrechts. Die Reformpläne werden allerdings in der Praxis nur unvollkommen durchgeführt. Da die höheren Beamtenposten mit Angehörigen der alten Oberschicht der *uji-Verfassung* besetzt werden und da ein großer Teil der Beamtenlehen und einige Beamtenposten schnell erblich werden, ist der Keim zu einer späteren feudalistischen Entwicklung gelegt.

708 Erste japanische *Münzprägung* unter Kaiserin *Gemmei.*

Nara-Zeit (710–784)

710 Mit der Gründung der ersten **festen Hauptstadt in Heijo,** dem heutigen Nara, beginnt eine Blütezeit der Literatur, Baukunst, Skulptur und Malerei, die Nara-Zeit. Das älteste japanische Geschichtswerk *Kojiki* versucht, durch eine Systematisierung der alten Stammesmythen und Göttergenealogien den Suprematsanspruch des Kaiserhauses zu legitimieren. Dabei wird das Datum der Reichsgründung unter dem sagenhaften Urahnen des Kaiserhauses *Jimmu* auf das Jahr 660 v. Chr. zurückverlegt.

720 Das *Nihongi,* die erste der offiziellen „Reichsgeschichten“, folgt dem Vorbild chinesischer Kaiserannalen.

760 Das *Manyoshu,* die erste Anthologie japanischer Dichtung, enthält über 4000 Gedichte. Die Bautätigkeit in der Hauptstadt wird durch großzügige Stiftungen an buddhistische Klöster gefördert, die so zu beachtlichem Wohlstand und politischer Macht gelangen. Die größeren Klöster unterhalten eigene stehende Heere und geraten in Rivalität mit dem Kaiserhof.

781–806 In der Regierungszeit des Kaisers *Kammu* (* 737, † 806) werden Schulen für den Hofadel gegründet, es werden Ansätze zu einer Reform der Landwirtschaft gemacht, die Kolonisierung Nordjapans hält an. Zugleich steigt die Verschuldung der Bauern an Lokalaristokratie und buddhistische Klöster, deren Macht ständig zunimmt.

784 Kaiser Kammu beginnt mit dem Bau der neuen *Haupt-*
27. Dez. *stadt Heian* in der Nähe des Dorfes Uda, des heutigen Kyoto, nachdem er die Hauptstadt zunächst nach Nagaoka verlegt hat, um dem allzu starken Einfluß der großen Klöster in Nara zu entgehen.

Heian-Zeit (794–1185)

794 **Heian** wird **kaiserlicher Regierungssitz** (18. Nov.)
Die nach der neuen Hauptstadt benannte Heian-Zeit, die die *Blüteperiode der aristokratischen Kultur* Japans darstellt, ist gekennzeichnet durch den Aufstieg der Familie **Fujiwara** zur Macht. Grundlage der Fujiwara-Verwaltung ist der erbliche Anspruch des Sippenoberhaupts auf den Titel eines kaiserlichen Regenten sowie das ausschließliche Recht der Sippe, Gemahlinnen für das Kaiserhaus stellen zu dürfen.

858 Als nach dem Tode des Kaisers *Montoku* diesem sein
15. Dez. neunjähriger Sohn *Seiwa* auf den Thron folgt, wird der Großvater des jungen Kaisers, *Yoshifusa Fujiwara,* mit der Regentschaft betraut. Damit geht die Regentschaft für einen Kaiser das erstemal an einen Adligen, der nicht selbst Angehöriger des Kaiserhauses ist.

864 Trotz der eingetretenen Großjährigkeit des Kaisers behält
872 Yoshifusa das Regentenamt bei. Nach Yoshifusas Tod
7. Okt. wird *Mototsune Fujiwara* Sippenoberhaupt, der die Regentschaft für Kaiser *Yozei* übernimmt.

880 Mototsune legt sich den Titel eines Regenten auf Lebenszeit *(kampaku)* zu (13. Dez.).

884 Aus eigener Machtvollkommenheit setzt Mototsune den
5. März Kaiser ab, um dessen Großonkel *Koko* zum Kaiser zu machen, für den er weiterhin die Regentschaft führt.

995–1027 Den Gipfel ihrer Macht erreichen die Fujiwara mit *Michinaga Fujiwara* (* 966, † 1028), der nach über dreißigjähriger politischer Tätigkeit vier Kaiser unter seine Schwiegersöhne und drei Kaiser unter seine Enkel zählen kann. Eine Maßnahme gegen die Regentschaft der Fujiwara und des Hofadels findet das Kaiserhaus in der Institution der Ex-Kaiser, die nach Abdankung eine von der Person des Kaisers gelöste Machtbasis aufbauen können.

1087 *Shirakawa* dankt als erster Kaiser zugunsten seines Sohnes
3. Jan. *Horikawa* ab, um unabhängig vom Hofadel Familien- und Verwaltungsangelegenheiten des Kaiserhauses regeln zu können. In der späten Heian-Zeit können sich die Ex-Kaiser mit dem emporstrebenden Kriegeradel der Provinzen gegen den Hofadel der Hauptstadt verbünden.

Kultur und Gesellschaft der Heian-Zeit

Infolge des seit der Mitte des neunten Jahrhunderts unterbrochenen Verkehrs mit China beginnt eine eigenständige Weiterentwicklung der japanischen Kultur, die sich besonders in der **Architektur,** dem sogenannten *Yamato-Stil* der **Malerei** und der **Literatur** ausdrückt. Durch die Verwendung einer in Japan entwickelten *Silbenschrift* anstelle der umständlichen chinesischen Schriftzeichen gewinnt die japanische Literatur an Breitenwirkung. Zu den wichtigsten Literaturwerken der Heian-Zeit gehören die im kaiserlichen Auftrag kompilierte *Gedichtsammlung Kokinshu*, das *Reisetagebuch aus Tosa* des *Ki no Tsurayuki*, der *Roman vom Prinzen Genji* der *Murasaki Shikibu* und das *Kopfkissenbuch* der *Sei Shonagon*. Durch die Konzentration von steuerfreiem Landbesitz in den frisch gerodeten Gebieten sowie die Stärkung des Militärs in den Grenzmarken bildet sich neben dem **Hof- und Beamtenadel** (kuge) ein eigener militärischer **Provinzadel** (buke). Die beiden mächtigsten Familien sind die *Taira* und die *Minamoto*, beide von Nebenlinien des Kaiserhauses abstammend.

1156 Als im **Hogen-Aufstand** der Konflikt zwischen dem regierenden Kaiser *Go-Shirakawa* und dem Ex-Kaiser Sutoku mit Waffengewalt ausgetragen wird, erringt *Kiyomori Taira* (* 1118, † 1181) im Auftrag von Go-Shirakawa den Sieg über die mit Sutoku verbündeten Minamoto.

1160 Eine Verschwörung der verbliebenen Kräfte der Minamoto scheitert, und Kiyomori Taira beginnt die Vormachtstellung seiner Sippe durch die Ansammlung von Lehen, die Übernahme hoher Regierungsämter und Einheirat in die kaiserliche Familie auszubauen. Damit wird er zum ersten Vertreter des Militäradels der Provinzen, der die bis dahin dem Hofadel vorbehaltenen Positionen in der Zentralregierung übernehmen kann.

1180 19. Mai Als Kiyomori seinen zweijährigen Enkel *Antoku* zum Kaiser krönen läßt, führt ein erneuter Aufstand unter Führung eines kaiserlichen Prinzen und des *Yoritomo Minamoto* (* 1147, † 1199) zur Empörungsbewegung des Provinzadels, die in den fünfjährigen **Gempei-Krieg** (1180–1185) zwischen den Sippen Minamoto und Taira einmündet. Yoritomos Vetter *Yoshinaka* vertreibt nach anfänglichen Mißerfolgen die Taira aus Kyoto.

1185 25. April In der *Seeschlacht von Dannoura* (nahe Schimonoseki) schlägt Yoshinakas Bruder Yoshitsune die Streitkräfte der Taira vernichtend. Der Kaiser ertrinkt während der Schlacht, die Anführer der Taira-Sippe werden von den siegreichen Minamoto hingerichtet.

Yoritomo Minamoto durchbricht das Muster, nach dem die jeweils siegreichen Sippenoberhäupter bisher die Legitimation ihres Sieges durch die Übernahme hoher Hofämter angestrebt haben. Statt dessen errichtet er außerhalb der Hauptstadt in Kamakura die sogenannte *Zeltlagerregierung (Bakufu)*, ein vom Verwaltungsapparat des Hofes getrenntes militärisches Hauptquartier, von dem aus er die tatsächliche Regierung über Japan ausübt, während der kaiserlichen Adelsverwaltung in der Hauptstadt alle bisherigen Titel, aber keinerlei echte Macht verbleiben. Mit dem Übergang der politischen Macht vom Hofadel zum Schwertadel beginnt die Feudalzeit Japans.

Kamakura-Zeit (1185–1338)

Im Laufe der Bürgerkriege des elften Jh.s haben sich die als Verwalter für den Hofadel auf dessen Provinzgütern tätigen Krieger **(Samurai)** weitgehend selbständige Rechte angemaßt. Mit dem Machtzuwachs der Familie Minamoto nach ihrem Sieg über die Taira stellen sich zahlreiche Mitglieder dieser neuen Kriegerschicht unter den Schutz der Sieger. Dadurch entsteht ein kompliziertes System von Lehen und Afterlehen, dessen innerer Aufbau zugleich durch die weitgehende Unabhängigkeit des Kriegeradels in den Nord- und Ostmarken von der Zentralregierung in den Kernprovinzen gekennzeichnet ist.

1192 *Yoritomo* läßt sich vom Kaiser den – in der Familie Mina-
21. Aug. moto erblichen – Titel eines **Kronfeldherren (Schogun)** verleihen.

1198 In einer Reihe von Feldzügen im Norden Japans gelingt es dem Schogun Yoritomo, die Macht der Familie Fujiwara zu brechen.

1199 Nach dem Tode des Yoritomo geht das Amt des Schogun
9. Febr. an seinen ältesten Sohn *Yoriie* über. Dessen Mutter ernennt einen Staatsrat, an dessen Spitze ihr Vater *Tokimasa Hojo* steht und der die Regentschaft ausübt.

1203 Tokimasa verbannt Yoriie, läßt dessen jüngeren Bruder
13. Okt. *Sanetomo* zum Schogun ernennen und nimmt selbst den Titel eines Regenten *(shikken)* an.

1219 Mit der Ermordung Sanetomos stirbt die Familie Mina-
13. Febr. moto in der Hauptlinie aus. Das *Amt des Regenten für den Schogun* wird in der Familie *Hojo erblich.*

Es entsteht eine Regierung nach dem Prinzip der *dreifachen Stellvertretung:* Ein **Regent** aus dem *Hause Hojo* übt die Macht für einen **Schatten-Schogun** aus der *Familie Fujiwara* oder dem Kaiserhaus aus, der selbst als **Stellvertreter des Kaisers** gilt. Der Kaiser als Nachkomme der obersten Schinto-Gottheit ist über die Ausübung weltlicher Macht erhaben und greift nicht in die Staatsgeschäfte ein.

1232 Das Feudalrecht des Ritterstandes wird im **Joei-Kodex** schriftlich fixiert.

1268–1284 Unter der Regentschaft des *Tokimune Hojo* kommt es zu Auseinandersetzungen mit dem mongolischen Weltreich. Provoziert durch die Tätigkeit japanischer Seeräuber vor der koreanischen Küste, verlangt *Kublai Chan* die Unterwerfung Japans, die verweigert wird.

1274 Erster Invasionsversuch mongolisch-chinesischer Flotten.

1281 Auch der zweite Landungsversuch scheitert am Widerstand des japanischen Ritterheeres. In beiden Fällen kommt den Verteidigern ein plötzlich einsetzender Sturm, der **„Götterwind“ (kamikaze),** zu Hilfe, der der Invasionsflotte schwere Schäden zufügt. Die Schogunatsregierung kommt jedoch in Schwierigkeiten, da es nach dem Verteidigungskrieg keine Beute gibt, aus der das Heer entlohnt werden kann.

1318–1339 Die Spannungen verschärfen sich mit dem Restaurationsversuch des Kaisers *Go-Daigo,* der die Vorherrschaft der Schogunatsregierung nicht anerkennen will.

1333 Ein ehemaliger Lehensmann der Familie Hojo, *Takauji Ashikaga* (*1305, † 1358), der auf die kaiserliche Seite übergelaufen ist, besetzt die Hauptstadt und zwingt den letzten Hojo-Regenten, *Takatoki Hojo,* zum Selbstmord.

1334–1336 In der **Kemmu-Restauration** versucht Go-Daigo das Prinzip der unmittelbaren Herrschaft des Kaisers wieder einzuführen.

1338 Daraufhin lehnt sich jedoch *Takauji Ashikaga* gegen ihn
7. Sept. auf, setzt den Kaiser ab und läßt sich von dem neu eingesetzten Kaiser *Komyo* selbst zum Schogun ernennen. Da aber Go-Daigo die Absetzung nicht anerkennt und unter Mitnahme der Kroninsignien nach Yoshino (Provinz Yamato) flieht, kommt es zur Spaltung zwischen der Nord- und der Süd-Dynastie, die erst nach über sechzig Jahren durch eine Kompromißformel aufgehoben werden kann.

Muromachi-Zeit (1338–1573)

In der nach dem Stammsitz der Familie **Ashikaga** in Kyoto benannten Muromachi-Zeit sind Kaiserhof und Regierungssitz des Schogunats in einer Stadt vereint.

1369–1395 Unter der energischen Herrschaft des dritten Schoguns *Yoshimitsu Ashikaga* wird (1392) eine Kompromißformel für den Erbfolgestreit im Kaiserhaus ausgearbeitet.

1449–1474 Unter ihm und unter dem achten Schogun *Yoshimasa Ashikaga* erlebt die Hauptstadt zunächst eine kulturelle Blüte. Auch die Handels- und Kulturbeziehungen zu China werden intensiviert. Jedoch erstreckt sich die Macht der Ashikaga-Schogune nur noch über die Zentralprovinzen.

1467–1477 In den **Onin-Kämpfen** greifen die Streitigkeiten unter den Lehensherren der Außenprovinzen auf die Hauptstadt über, die fast vollständig zerstört wird. Es beginnt eine nahezu hundertjährige Bürgerkriegszeit, in der größere Machtkonzentration nur noch bei einzelnen Adelshäusern der äußeren Provinzen und den großen Klöstern vorhanden ist.

1543 Die Landung portugiesischer Kaufleute im Süden des Landes führt zur Einführung *europäischer Feuerwaffen.*

1560 Diese werden erstmals in der **Schlacht von Okehazama** eingesetzt **(12. Juni).**

1549 Mit der Landung des Jesuitenmissionars *Francisco de Xa-*
15. Aug. *vier* (* 1506, † 1552) beginnt die **Christianisierung Japans,**

die besonders bei den Feudalherren der Südprovinzen beachtliche Erfolge aufweisen kann.

1568 Zu den Förderern des Christentums, dessen Anhänger gegen die mächtigen buddhistischen Sekten ausgespielt werden sollen, gehört auch *Nobunaga Oda* (*1534, † 1582), Lehensherr von Owari, der die Hauptstadt erobert.

1571 Dieser setzt *Yoshiaki Ashikaga* als letzten seines Geschlechts zum Schogun ein. Er läßt die *Klöster* auf dem *Hiei-Berg* verbrennen und vernichtet die Mönchsarmeen.

1573 17. Aug. Mit der Abdankung des letzten Schoguns aus dem Hause Ashikaga geht die Muromachi-Zeit zu Ende.

Zwischenperiode der Reichseinigung (1573–1603)

In der Zwischenperiode der Reichseinigung steht das Amt des Schoguns vakant.

1576–1579 Nobunaga Oda erbaut die *Burg von Azuchi* am Biwa-See, die erste japanische Burg, die gegen Feuerwaffen befestigt ist.

1582 Nach dem Tode des Nobunaga tritt sein Feldherr *Hideyoshi Toyotomi* (* 1536, † 1598) seine Nachfolge an, der sich vom Kaiserhaus die Titel eines *Regenten und Großkanzlers* verleihen läßt.

1585–1589 Seine *Landvermessung und Bodenreform* bringt eine landwirtschaftliche Ertragssteigerung und erhöht das Steueraufkommen. Zugleich wird die **Ständeordnung** durch strenge Scheidung zwischen waffenfähigen Samurai und den nicht waffenfähigen Schichten der Bauern, Handwerker und Kaufleute neu kodifiziert.

1592/1593 Einem von Hideyoshi geplanten Feldzug gegen China widersetzt sich Korea, das den japanischen Truppen den Durchmarsch verweigert.

1593 Eine japanische Armee von 200 000 Mann Stärke besetzt Korea, wird aber von den Chinesen zum Rückzug an die Südküste gezwungen.

Mit der Ankunft spanischer Franziskanermissionare, die bald in Streit mit den portugiesischen Jesuitenmönchen geraten, verschlechtert sich die Lage der einheimischen Christen.

1596 Als der Kapitän eines gestrandeten spanischen Schiffes versucht, die japanischen Behörden mit dem Hinweis auf die Macht des Königs von Spanien einzuschüchtern und die Missionare als dessen Vortruppen bezeichnet, kommt es zu ersten Christenverfolgungen.

1598 Zweiter Koreafeldzug wird beim Tode Hideyoshis ergebnislos abgebrochen (18. Sept.).

1600 Als Nachfolger des Hideyoshi Toyotomi vollendet dessen
21. Okt. mächtigster Vasall *Ieyasu Tokugawa* (* 1542, † 1616), der seine letzten Rivalen in der **Schlacht von Sekigahara** am Biwa-See besiegt, das Werk der Einigung Japans.

Tokugawa-Zeit (1603–1867)

1603 Mit der Verleihung der **erblichen Würde** eines **Kronfeld-**
24. **herrn** (Schogun) an Ieyasu Tokugawa und der *Verlegung*
März *des Regierungssitzes nach Edo,* dem heutigen Tokyo, beginnt die Tokugawa-Zeit. Sie ist gekennzeichnet durch die Herausbildung eines *Verwaltungs- und Polizeistaats,* strenge Abschließung der Stände gegeneinander und strikte Trennung zwischen Militär *(buke)* und Hofadel *(kuge).*

1605 Obwohl Ieyasu zugunsten seines Sohnes *Hidetada* (* 1579,
2. Juni † 1632) abdankt, übt er bis zu seinem Tode die Regierungsgewalt weiter aus.

1605 Ieyasu lädt auf Anraten seines als Schiffbrüchiger nach Japan gelangten englischen Beraters *Will Adams* die Niederländer zur Aufnahme von Handelsbeziehungen ein.

1609 Die *Holländisch-Ostindische Kompanie* eröffnet eine Faktorei in Hirado in Westjapan.

1613 Die *Britische Ostindien-Kompanie* folgt diesem Beispiel.

1615 Nach der Erstürmung der Burg von Osaka ist die **Alleinherrschaft der Familie Tokugawa** unbestritten. Das Herrschaftssystem wird unter dem dritten Schogun, *Iemitsu Tokugawa* (*1604; 1623–1651), ausgebildet: Einteilung der Adelsgeschlechter in Familien, die mit den Tokugawa verwandt sind, „erbliche Vasallen“, die ihnen schon vor der Schlacht von Sekigahara Gefolgschaft geleistet haben, und die „äußeren Lehensherren“. Lehen in den strategisch wichtigen Gebieten des Reichszentrums bleiben den Familienangehörigen und erblichen Vasallen vorbehalten. Die äußeren Lehensherren erhalten Besitzungen in den westlichen und östlichen Provinzen, müssen aber jedes zweite Jahr in Edo verbringen und Geiseln in der Hauptstadt lassen, wenn sie sich auf ihren Besitztümern aufhalten. Die Befugnisse des Kaisers bleiben auf kultische und zeremonielle Aufgaben beschränkt.

1623 Die Engländer schließen ihre Faktorei in Hirado wegen mangelnder Rentabilität.

1624 Die Regierung verweigert den Spaniern die Erlaubnis zum Handel mit Japan.

1636 Verbot von Auslandsreisen japanischer Staatsbürger.

1637/1638 Nach der Niederwerfung eines Aufstands der Christen von Kyushu in Shimabara (östlich von Nagasaki) wird das Christentum verboten.

1639 *Verschärfung der Gesetze zur Landesabsperrung:* Japaner dürfen weder ihre Heimat verlassen noch aus dem Ausland dorthin zurückkehren; der Bau hochseetüchtiger Schiffe wird unterbunden; lediglich chinesische und holländische Schiffe dürfen Japan anlaufen.

1641 Den Niederländern wird die künstliche Insel Deshima im Hafen von Nagasaki als Sitz zugewiesen.

1720 Das *Verbot* der Einfuhr *ausländischer Bücher* wird dahingehend *gemildert,* daß nur Bücher christlichen Inhalts als verboten gelten.
In der Folgezeit verstärkt sich das Drängen der Europäer und Amerikaner auf Wiedereröffnung des Landes. Insbesondere geht es um die Errichtung von Kohle- und Rettungsstationen für Schiffbrüchige.

1804 Ein russischer Unterhändler wird abgewiesen;

1837 ein amerikanisches Schiff wird von den japanischen Küstenbatterien beschossen;

1844 ein Schreiben des Königs der Niederlande an den Schogun bleibt unbeantwortet.

1853 *Kommodore Matthew Calbraith* Perry (* 1794, † 1858) lan-
8. Juni det mit vier amerikanischen Kanonenbooten in der Bucht von Edo, um ein **Schreiben des Präsidenten der USA** zu übergeben, in dem die gastliche Aufnahme Schiffbrüchiger, die Bereitstellung von Proviant, Wasser und Kohle für fremde Schiffe und die Öffnung eines japanischen Hafens für den Handel mit Amerika verlangt werden.

22. Aug. Eine russische Kriegsflotte mit gleichartigen Forderungen im Hafen von Nagasaki.

1854 Kommodore Perry kommt mit zehn US-amerikanischen
13. Febr. Schiffen zurück, um sich eine Antwort der Regierung zu holen.

31. März Im **Vertrag von Kanagawa** gelingt es ihm, die geforderten Konzessionen der Schogunats-Regierung zu erreichen.

1854/1861 Es folgen Verträge mit Großbritannien (1854), Rußland (1855), den Niederlanden (1856), Frankreich und Preußen (1861).

1856 Als erster diplomatischer Vertreter der USA nimmt *Townsend Harris* seinen Amtssitz in Shimoda, den er bereits im kommenden Jahr in die Hauptstadt verlegen darf.

1859 In Edo etablieren sich auch eine britische und eine französische Vertretung.

1863/1865 Nach fremdenfeindlichen Zwischenfällen in den Häfen kommt es zur *Beschießung von Kagoshima* (1863) durch ein britisches Geschwader, zur Beschießung des Forts von Shimonoseki (1864) durch eine britisch-niederländisch-französisch-amerikanische Flotte und schließlich zu einer gemeinsamen Flottendemonstration der Westmächte in der Bucht von Edo (1865). Daraufhin werden die vom Schogunat mit den ausländischen Mächten geschlossenen Verträge vom Kaiserhof ratifiziert.

1867 9. Nov. Der 15. Schogun *Yoshinobu Tokugawa* (*1837, † 1913) bietet dem Kaiser seinen Rücktritt an.

1868 3. Jan. Der junge Kaiser *Mutsuhito* (* 1852, † 1912) übernimmt unter dem Regierungsnamen **Meiji Tenno** selbst die Herrschaft. Damit ist das Schogunatssystem nach fast 700 Jahren abgeschafft, und die Modernisierung des Landes beginnt.

Meiji-Zeit (1868–1912)

Die Meiji-Zeit steht im Zeichen eines **Reform-** und **Modernisierungsprozesses,** zu dem die Abschaffung des Feudalsystems, die Rücknahme der Lehen, die Zentralisierung der Verwaltung durch Errichtung eines Präfekturalsystems und der allmähliche Übergang zum konstitutionellen Regierungssystem gehören.

1869 Der Kaiser verlegt den Hof von Kyoto nach Edo, das den neuen Namen **Tokyo** (östliche Hauptstadt) erhält. Zu den einzelnen Reformen gehören die Revision der Rechtskodizes, eine Währungsreform, die Modernisierung des Militärs unter französischer und preußischer Unterstützung, die *Übernahme des westlichen Kalenders,* die Einführung der allgemeinen Schulpflicht, die Errichtung eines modernen Post- und Kommunikationssystems und die Gründung von Eisenbahnlinien.

Nach dem Rückfall der Lehen an den Kaiser werden die Lehensherren als kaiserliche Beamte mit der Verwaltung der neu geschaffenen Präfekturen und Distrikte beauftragt.

1872 Die *erste Eisenbahnlinie* wird mit Hilfe britischer Ingenieure von Tokyo nach Yokohama verlegt. Mit der Gründung der – im nächsten Jahr wieder aufgelösten – *Patriotischen Partei* erhält Japan die **erste politische Partei.**

1875 In einem *Abkommen mit Rußland* erkennt Japan die russischen Rechte auf Sachalin und Rußland den japanischen Besitzanspruch auf den Kurilen an.

1876 Ein auf die Abschaffung des Samuraistandes und die Aufhebung der Samuraipensionen folgender *Aufstand in Satsuma* wird von der reorganisierten kaiserlichen Armee niedergeschlagen.

1877/1879 Japan besetzt die Bonin- und Ryukyu-Inseln.

1881 Als erste politische Parteien bilden sich die *Liberale Partei* (Jiyuto) und die *Konstitutionelle Fortschrittspartei* (Rikken Kaishinto), die sich jedoch noch vor Einberufung des ersten Parlaments selbst wieder auflösen.

1885 Das **erste moderne Kabinett** unter dem Vorsitz von *Fürst*
22. Dez. *Hirobumi Ito* (* 1841, † 1909) *als Premierminister* wird gebildet.

1889 Nach längeren Debatten tritt die **Reichsverfassung** in
11. Febr. Kraft: Japan wird zur erblichen Monarchie, der Kaiser als „heiliges und unverletzliches" Staatsoberhaupt ist Oberkommandierender des Heeres und der Flotte, übt mit Zustimmung des Reichstags die gesetzgebende und mit der Zustimmung seiner Minister die exekutive Gewalt aus. Das aus Herrenhaus und gewähltem Unterhaus bestehende Parlament kann keine effektive Kontrolle über die Regierung ausüben, da die Minister nur dem Kaiser verantwortlich sind.

1890 Bei den **ersten Parlamentswahlen** erringen die Liberale Par-
1. Juli tei (Jiyuto) mit 130 und die Reformpartei (Kaishinto) mit 41 von 300 Sitzen die absolute Mehrheit. Die Regierung des Generals *Aritomo Yamagata* (* 1838, † 1922) kann sich nur auf die 79 Abgeordneten der *Gesellschaft für Große Errungenschaften* (Taiseikai), die fünf Sitze der *Nationalliberalen Partei* (Kokumin jiyuto) sowie einige der 45 unabhängigen Abgeordneten stützen.

1894 Der Streit mit China um die Oberhoheit auf der koreani-
1. Aug. schen Halbinsel führt zum **chinesisch-japanischen Krieg.** Die japanische Armee ist außerordentlich erfolgreich und kann Seoul und Pyöngyang besetzen. Nach der Landung der japanischen Flotte auf der Schantung-Halbinsel muß die chinesische Flotte kapitulieren.

1895 Im **Frieden von Shimonoseki** tritt China Formosa (Taiwan)
17. April und die Inselgruppe der Pescadoren ab, zahlt eine Kriegsentschädigung und erkennt die Unabhängigkeit Koreas
1898 an.
Die Liberale Partei und die Reformpartei schließen sich
21. Juni zur *Verfassungspartei* (Kenseito) zusammen.

Glockenturm eines japanischen Buddha-Tempels (Holzstich um 1870).

JAPAN II: DAS ALTE JAPAN

Japanischer Schinto-Priester (um 1900).

Berittene Samurai auf Küstenwache gegen die Mongolen-Invasion (japanisches Rollbild, Tosa Nagataki zugeschrieben).

JAPAN III: DIE ÖFFNUNG ZUM WESTEN

Der Hafen von Nagasaki nach der Öffnung für den Überseehandel; im Vordergrund die französische Niederlassung (Holzstich vor 1870).

Abschluß des Dreimächtepaktes Deutschland-Italien-Japan am 27. September 1940 (von links: der japanische Botschafter in Berlin Oshima, der italienische Außenminister Graf Ciano, Adolf Hitler).

30. Juni Nach dem Rücktritt des dritten Kabinetts Ito bildet die Verfassungspartei die erste Parteienregierung.

1899 Japan erreicht die Revision der Verträge mit den Westmächten und die Aufhebung der Exterritorialitätsrechte.

1900 Sept. Die Verfassungspartei reorganisiert sich unter dem Vorsitz Fürst Itos als *Konstitutionelle Partei* (Seiyukai); in dieser Form bleibt sie bis 1940 bestehen.

1900–1901 Bei der Niederwerfung des Boxeraufstandes in China nimmt Japan auf der Seite der Großmächte teil.

1902 30. Jan. Ein *Bündnisvertrag mit Großbritannien* richtet sich gegen russische Bestrebungen im ostasiatischen Raum und verpflichtet zur Aufrechterhaltung des Status quo in China und Korea. Eine Einigung mit Rußland über die Abgrenzung jeweiliger Einflußsphären in Korea und der Mandschurei kommt nicht zustande.

1904 Japan bricht die Verhandlungen mit Rußland ab (5. Febr.).

9. Febr. Zwei Tage vor der offiziellen Kriegserklärung beginnt Japan mit einem Überraschungsangriff auf die russische Flotte in *Port Arthur* den **russisch-japanischen Krieg.** Japanische Truppen blockieren Port Arthur, besetzen ganz Korea und marschieren in der *Mandschurei* gegen die russischen Stellungen vor.

26. Aug. -3. Sept. Die russische Feldarmee wird in der *Schlacht bei Liaoyang* gegen Mukden zurückgetrieben.

1905 Erstürmung von Port Arthur (2. Jan.).

27. Febr. -7. März Die freigewordene japanische Armee rückt von Port Arthur ab und nimmt an der Entscheidungsschlacht von Mukden teil.

27./28. Mai Mit der Vernichtung der aus Europa herbeigeholten baltischen Flotte in der *Seeschlacht von Tsushima* ist der japanische Sieg gesichert.

5. Sept. Im **Frieden von Portsmouth** verpflichtet sich Rußland zur Räumung der Mandschurei, tritt Südsachalin an Japan ab, überträgt die Pachtverträge für die Liao-tung-Halbinsel mit Dairen und Port Arthur an Japan und erkennt die japanische Hegemonie in Korea an.

1906 Fürst *Hirobumi Ito* wird japanischer *Generalresident des Protektorats Korea* (1. Febr.).

1909 Ermordung des Fürsten auf einer Reise in der Mandschurei (26. Okt.).

1910 22. Aug. Hirobumi Itos Ermordung dient als Vorwand für die **Annexion Koreas** durch das japanische Kaiserreich.

Taisho-Zeit (1912–1926)

1912 30. Juli — Nach dem Tode des Meiji-Tenno besteigt sein Sohn *Yoshihito* (* 1879, † 1926) unter dem Titel *Taisho Tenno* den Thron, übt jedoch keine Amtsgeschäfte aus.

1913 — Durch die Reorganisation der ehemaligen Fortschrittspartei als Gesellschaft der Gleichgesinnten (Doshikai), später *Demokratische Partei* (Minseito), wird das Zweiparteiensystem der Vorkriegszeit vollendet.

1914 14. Aug. — Am **Ersten Weltkrieg** nimmt Japan gemäß den Bestimmungen des Bündnisvertrages auf der Seite *Großbritanniens* teil. Zu Beginn des Krieges fordert Japan in einem Ultimatum gemäß den Bestimmungen des Bündnisvertrages mit Großbritannien die Zurückziehung aller deutschen Flottenverbände aus chinesischen Gewässern und die Rückgabe des deutschen Schutzgebiets *Kiautschou* (Provinz Shantung) an China.

23. Aug. 7. Nov. — Als das Ultimatum unbeantwortet bleibt, erklärt Japan dem Deutschen Reich den Krieg. Japan erobert den deutschen Stützpunkt *Tsing-tao* (Tsingtau) in Shantung. Außerdem besetzt Japan die *deutschen Südseekolonien* auf den Marianen, den Karolinen, den Salomonen und den Marshallinseln, entsendet aber keine Truppen nach Europa.

1915 — Japan richtet an das neutrale China seine **„Einundzwanzig Forderungen“ (18. Jan.).**

5. Mai — Die praktisch auf ein Protektorat Japans über China hinauslaufenden Forderungen werden von der chinesischen Regierung weitgehend akzeptiert.

1917 — Chinas Hoffnung, durch den Kriegseintritt gegen Deutschland seine Rechte in Shantung wiederzuerhalten, erfüllt sich nicht, da Japan durch Geheimverträge mit Rußland und Großbritannien abgesichert ist.

1918 29. Sept. — Nach dem Rücktritt des Premierministers *Seiki Terauchi* (* 1849, † 1919) bildet der Parteivorsitzende der Konstitutionellen Partei *Takashi Hara* (* 1865, † 1921) das *erste Einparteienkabinett*. Von da an ist der Anspruch des Führers der Mehrheitspartei im Reichstag auf Regierungsbildung anerkannt.

1919 — In der *ersten Wahlrechtsreform* erhalten alle männlichen Steuerzahler über 25 Jahren das Wahlrecht zum Unterhaus.

28. Juni — Im **Friedensvertrag von Versailles** wird **Japan** zur **Mandatarmacht** der ehemals deutschen Pazifikinseln nördlich des Äquators bestimmt und übernimmt die ehemals deutschen

Rechte in China mit der Auflage der späteren Rückgabe von Kiautschou an China.

1921 12. Nov. Auf der Washingtoner Konferenz verzichtet Japan auf einen Teil seiner „Einundzwanzig Forderungen" von 1915, gibt Kiautschou an China zurück, behält aber seine Rechte auf der Kwantunghalbinsel und in der östlichen Mongolei, insbesondere die Eisenbahnrechte.

1922 6. Febr. Das britisch-japanische Bündnis wird durch ein **Viermächteabkommen** mit den USA, Großbritannien und Frankreich ersetzt. Im Flottenabkommen verpflichtet sich Japan zu Rüstungsbeschränkungen. Durch das **Neunmächteabkommen** verpflichtet es sich zur Anerkennung der Unabhängigkeit Chinas und einer „Politik der offenen Tür".

1921 *Kronprinz Hirohito* (*1901) wird zum Regenten ernannt, als der schwer erkrankte Kaiser die Regierungsgeschäfte nicht mehr ausüben kann. Die innenpolitische Szene ist von den Auseinandersetzungen um die Entwicklung des parlamentarischen Systems und Wahlrechtsreformen bestimmt. Die Regierung, die unter dem Einfluß von Militärkreisen steht, hat das politische Übergewicht über das Parlament. Zwischen den beiden großen bürgerlichen Parteien zeichnet sich ein Machtgleichgewicht ab.

1925 5. Mai Die *Kommunistische Partei* wird in der Illegalität gegründet. Im neuen Wahlgesetz wird die Steuerqualifikation aufgehoben und damit das allgemeine gleiche Wahlrecht für Männer über 25 Jahren eingeführt.

Showa-Zeit (seit 1926)

1926 25. Dez. Mit dem Tode des Kaisers Taisho übernimmt Prinzregent Hirohito unter dem Titel *Showa-Tenno* den Kaiserthron.

1930 22.April Die Unterzeichnung des Londoner Flottenabkommens durch die gemäßigte Regierung *Hamaguchi* führt zu einer Welle nationalistischer Proteste.

1931 Ermordung (25. Aug.) von Premier Osachi Hamaguchi (* 1870, † 1931).

18.Sept. Radikalistische Militärkreise inszenieren den **Mandschurischen Zwischenfall,** der Japan den Vorwand zur Besetzung von Mukden und der gesamten Mandschurei sowie wenig später der Loslösung der Mandschurei von China gibt.

1932 18. Febr. **Proklamation** des unabhängigen Staates **Mandschukuo,** der jedoch faktisch japanisches Protektorat ist. Damit beginnt eine Periode der japanischen Expansion auf dem chinesischen Festland.

Innenpolitisch führt die instabile Lage zu einer *nationalistischen Radikalisierung*, die sich in einer Häufung politischer Attentate äußert.

15. Mai Mit der Ermordung des Ministerpräsidenten *Tsuyoshi Inukai* (* 1855, † 1932) im Gefolge eines Militärputsches geht die Ära der Parteiregierungen zu Ende.

1933 Febr. In China gehen die Feindseligkeiten nach dem Angriff auf Shanghai in die *Besetzung der Provinz Jehol* über.

16. Febr. Mißbilligende Erklärung des Völkerbundes.

27. März *Austritt Japans* aus dem *Völkerbund.*

31. Mai Auch nach einem Waffenstillstand mit China versucht Japan seinen Einfluß auf dem Festland zu vergrößern.

1934 1. März Mit der Proklamation des letzten chinesischen Kaisers zum **Kaiser von Mandschukuo** gerät dieser Staat, der zunächst nur von Japan und San Salvador, später auch von den Achsenmächten, anerkannt wird, in vollständige Abhängigkeit von Japan.

1936 26. Febr. Ein von jüngeren Offizierskreisen getragener **Militärputsch in Tokyo** kann zwar niedergeschlagen und 17 führende Offiziere zum Selbstmord verurteilt werden, aber die Armee wird gleichzeitig zur einzigen politischen Ordnungsmacht im Lande.

25. Nov. Bei der Unterzeichnung des Antikominternpakts mit Deutschland findet außenpolitisch die *Annäherung an die Achsenmächte* ihren demonstrativen Ausdruck.

1937 7. Juli Ein **Feuerwechsel** zwischen japanischen und chinesischen Truppen an der **Marco-Polo-Brücke** leitet den **japanisch-chinesischen Krieg** (bis 9. Sept. 1945) ein.

5. Okt. Proteste des Völkerbundes gegen das japanische Vorgehen bleiben unbeachtet.

1938 5. Mai Ministerpräsident Fürst *Fumimaro Konoye* (* 1891, † 1945) erläßt das Gesetz über die Generalmobilmachung: neben Rohstoffkontingentierung und staatlicher Arbeitsmarktkontrolle auch Aufhebung der Pressefreiheit.

22. Dez. Proklamation der „*Neuen Ordnung Ostasien*", in der die japanische Vorherrschaft gesichert werden soll. Infolge der Übergriffe japanischer Truppen in China verschlechtern sich die Beziehungen zu den Vereinigten Staaten.

1939 26. Juli Mit der Kündigung des amerikanisch-japanischen Handelsvertrags wird Japan von der Einfuhr kriegswichtiger Rohstoffe abgeschnitten.

1940 30. März Die Einsetzung einer japanfreundlichen Gegenregierung in Nanking unter Führung von *Wang Ching-wei* beantworten die USA durch verstärkte Hilfeleistungen an die Regierung *Chiang Kai-shek.*

Mit dem Ausbruch des **Zweiten Weltkriegs** in Europa und der Niederlage Frankreichs und der Niederlande werden die französischen und niederländischen Besitzungen im pazifischen Raum zu Hauptzielen der japanischen Expansionsbestrebungen.

Juli In einer Regierungserklärung spricht Ministerpräsident Konoye von einer *„göttlichen Mission"* Japans, die „Neue Ordnung Ostasiens" auch auf Indochina und die Südsee auszudehnen.

12. Juni Japan schließt einen *Bündnisvertrag mit Thailand* und be-
22. Sept. ginnt mit Zustimmung der französischen Regierung des *Marschalls Pétain* mit der *Besetzung* strategisch wichtiger Punkte in *Indochina*.

Innenpolitisch geht dem außenpolitischen Expansionismus eine Wiederbelebung der Idee des Gottkaisertums und eine Abwertung der parlamentarischen Demokratie parallel.

27. Sept. Die politischen Parteien werden zur Selbstauflösung gezwungen und durch die einheitliche Massenorganisation der *„Vereinigung zur Förderung der Tenno-Herrschaft"* (Taisei yokusankai) ersetzt.

27. Sept. Der **Dreimächtepakt** zwischen Japan, Deutschland und Italien verpflichtet die vertragschließenden Staaten auf die Dauer von zehn Jahren zur gegenseitigen Hilfeleistung im Falle des Kriegseintritts einer neuen Großmacht, läßt jedoch das Verhältnis zur Sowjetunion unberührt. Als Ziel des Pakts gilt die Herstellung einer „neuen Ordnung" in Asien und Europa.

1941 Außenminister *Yosuke Matsuoka* (* 1880, † 1946) schließt
13. April einen vierjährigen **Nichtangriffspakt mit der Sowjetunion,** als Japan von den deutschen Plänen gegen die Sowjetunion erfährt. Allerdings wird von sowjetischer Seite 1944 dieser Pakt gekündigt. Die Bemühungen Matsuokas um Verbesserung der Beziehungen zu den USA bleiben dagegen erfolglos. Die USA verlangen den Verzicht Japans auf seine Eroberungen auf dem Festland. Verhängung eines Ölembargos durch die USA.

28. Aug. Ein letzter Versuch Konoyes, durch eine Einladung an Präsident *Franklin D. Roosevelt* zu einer Besprechung auf hoher See die Ausweitung des Krieges zu vermeiden, scheitert.

16. Okt. Als Konoye daraufhin vom Amt des Ministerpräsidenten zurücktritt, gelangt mit seinem Nachfolger *General Hideki Tojo* (* 1884, † 1948) die ultranationalistische Militärfraktion an die Macht.

7. Dez. Mit dem japanischen **Überraschungsangriff** auf den amerikanischen Flottenstützpunkt **Pearl Harbor,** bei dem die USA fünf Schlachtschiffe, 120 Flugzeuge und 2400 Mann verlieren, beginnt der **Pazifische Krieg.**

Dez. Japanische Truppen überrennen die *Philippinen* und besetzen *Hongkong* (27. Dez.) und *Singapur* (15. Febr. 1942).

1942
16. Jan. Japan marschiert mit thailändischer Unterstützung in *Burma* ein. Um die Jahresmitte 1942 beherrscht Japan im pazifischen und asiatischen Raum ein Herrschaftsgebiet mit mehr als 450 Mio. Einwohnern.
Japanische Truppen stehen auf Neuguinea für den Angriff auf Australien bereit.
Mit dem Frühjahr 1942 beginnen die *amerikanischen Gegenangriffe.*

5. Juni In der **Seeschlacht von Midway** verliert die japanische Marine vier ihrer besten Flugzeugträger.

7. Aug. Die erste amerikanische Marineinfanteriedivision landet mit Amphibienfahrzeugen auf *Guadalcanal,* der größten Insel der Salomonen.

1943
8. Febr. Nach monatelangen Kämpfen zwingen die US-Truppen die Japaner zur **Räumung der Insel Guadalcanal.**

1.–3. Nov. Auf der *Konferenz von Tokyo* wird unter der Teilnahme von Delegierten aus Mandschukuo, Thailand, Burma, den Philippinen, Indien und China (Nanking) der Plan einer *„Großostasiatischen Wohlstandssphäre“* ausgearbeitet. Die Hegemonialmacht tritt hier als Vorkämpfer der südostasiatischen Länder gegen den europäischen Kolonialismus auf. Insgesamt geht die japanische Politik in den besetzten Gebieten auf eine Förderung der einheimischen Unabhängigkeitsbestrebungen gegen die europäischen Kolonialherren aus. Da sich die japanische Besatzung aber durch unpopuläre Verwaltungsmaßnahmen verhaßt macht, richten sich die nationalen Befreiungsbewegungen zugleich gegen die japanische Vorherrschaft.

Dez. Mit dem *Einmarsch britischer Truppen in Burma* wendet sich die Kriegslage endgültig zuungunsten Japans, das nunmehr einen Verteidigungskrieg führen muß.

1944
15. Juni Nach der *amerikanischen Landung auf den Marianen* und dem Zusammenbruch des japanischen Gegenstoßes in der **Flugzeugträgerschlacht bei Saipan** ist das Kriegskabinett Tojo zum Rücktritt gezwungen.

22. Juli Nachfolger General Tojos als Ministerpräsident wird *Admiral Kantaro Suzuki* (* 1867, † 1948).

1945
19. Febr. Mit der amerikanischen *Landung auf Iwojima* nach über fünfzigtägiger Bombardierung und der *Eroberung von Oki-*

1. April *nawa* beginnt der Angriff der Alliierten auf das japanische Mutterland. Die Einnahme der beiden Inseln kostet über 60000 Tote.

7. April Beginn der Todesfahrt des japanischen Superschlachtschiffs *Yamato,* die nichts mehr an der Lage zu ändern vermag. Die nach dem „Göttersturm" der Mongolenkriege benannte *Kamikaze-Taktik* der Selbstmordflüge japanischer Piloten auf alliierte Kriegsschiffe fordert über 2000 Opfer.

Bei Luftangriffen amerikanischer Bomber auf japanische Großstädte werden Nagaoka, Kobe, Osaka und Tokyo in Brand geworfen.

26. Juli Japan lehnt die in der *Potsdamer Deklaration* geforderte bedingungslose Kapitulation trotz der hoffnungslosen Lage ab, da unter anderem auch die Abdankung des Tenno gefordert wird.

6. Aug. Daraufhin erfolgt durch die USA der **Abwurf einer Atombombe auf Hiroshima,** der über 90000 Tote fordert.

(In Teheran von *Josef Stalin* und *F. D. Roosevelt* verabre-
8. Aug. dete) **Kriegserklärung der Sowjetunion an Japan,** der der sowjetische Einmarsch in die Mandschurei folgt.

9. Aug. **Zweiter Atombombenabwurf auf Nagasaki,** der den japanischen Widerstandswillen bricht.

15. Aug. Kaiser Hirohito verkündet, nachdem man sich über die Beibehaltung des Kaisertums geeinigt hat, die Kapitulationsbereitschaft Japans. Etwa 200000 Japaner, unter ihnen Fürst Konoye, begehen Selbstmord.

2. Sept. Mit der **Unterzeichnung der Kapitulationsurkunde** an Bord des amerikanischen *Schlachtschiffs Missouri* geht die Regierungsgewalt in Japan praktisch auf den alliierten Oberkommandierenden *General Douglas MacArthur* über.

9. Sept. Im **Waffenstillstand von Nanking** kapitulieren auch die japanischen Chinaarmeen.

Mit der *Unterzeichnung der Kapitulationsurkunde* und der *Errichtung des Alliierten Hauptquartiers* unter General *Douglas MacArthur* in Tokyo beginnt die Besatzungszeit. Zu den erklärten Zielen der Besatzungsregierung gehören die Demokratisierung des öffentlichen Lebens, die Entmilitarisierung Japans, die Bestrafung von Kriegsverbrechen und die Entflechtung der Großkonzerne. Unter dem Vorzeichen der Entmilitarisierung werden Japan alle seine territorialen Kriegsgewinne genommen, so daß das Staatsgebiet auf die Grenzen von 1868 begrenzt wird. Japan verliert die *Mandschurei, Korea,* die Inseln *Taiwan, Sachalin* und die *Kurilen. Okinawa* und die *Bonin-Inseln* werden *unter US-Verwaltung* gestellt. Die gesamt Gebietsverkleinerung macht die Repatriierung von 6,5 Mio. Japanern aus den ehemaligen Kolonialgebieten notwendig. Um „Personen, die an der japanischen Expansion beteiligt gewesen waren“, aus dem öffentlichen Leben auszuschalten, werden auf Befehl der Besatzungsmacht 180000 Personen aus leitenden Positionen in Regierung, Verwaltung, Wirtschaft und Erziehungswesen entfernt.

1945 *22. Dez.* Durch Anordnung der Besatzungsmächte wird die *Gründung von Gewerkschaften und politischen Parteien* möglich; die neugegründeten Gewerkschaften verfügen bereits nach einem Jahr über 4,5 Mio. Mitglieder. In einer großangelegten Landreform werden Großgrundbesitzer zum Verkauf von Land an Pachtbauern gezwungen.

1946 1. Jan. In seiner Neujahrsansprache entsagt *Kaiser Hirohito* dem Anspruch des *„Tenno“* auf Göttlichkeit.

19. Jan. In Tokyo nimmt der *Internationale Militärgerichtshof für den Fernen Osten* die Verhandlungen gegen 25 Hauptangeklagte wegen Kriegsverbrechen auf.

10. April Zu den *ersten Reichstagswahlen der Nachkriegszeit* stellen sich fünf Parteien, die wiedergegründete Sozialistische Partei (Shakaito), die erstmals legal auftretende Kommunistische Partei (Kyosanto), die neugeschaffene Gemeinschaftspartei (Kyodoto) und als Nachfolgeorganisationen der bürgerlichen Parteien der Vorkriegszeit die Liberale Partei (Jiyuto) und die Fortschrittspartei (Shimpoto).

22. Mai Nach einem *Wahlsieg der bürgerlichen Parteien* bildet der Vorsitzende der Liberalen Partei, *Shigeru Yoshida* (* 1878, † 1967), ein Koalitionskabinett der Liberalen und der Fortschrittspartei.

3. Nov. Mit der Proklamation einer **neuen Verfassung** durch den Kaiser wird die *Umwandlung Japans in eine parlamentarische Demokratie* nach angelsächsischem Muster eingeleitet: der Kaiser, der keine Regierungsbefugnisse besitzt, ist Symbol des Staates und der Einheit der Nation; seine Stellung leitet sich vom Willen des Volkes ab. Der vom Parlament gewählte Ministerpräsident beruft die Minister seines Kabinetts. Die Legislative liegt beim Reichstag, der aus zwei Kammern besteht. Beide Kammern gehen aus allgemeinen Wahlen hervor. Das Wahlrecht wird auf Frauen ausgedehnt. Bürgerrechte und Menschenrechte stehen unter Verfassungsschutz. Artikel 9 der Verfassung enthält den umstrittenen Verzicht auf „den Krieg als ein souveränes Recht der Nation und auf die Androhung oder Anwendung von Gewalt als Mittel, internationale Streitigkeiten zu regeln“.

1947 Die *zweiten Nachkriegswahlen* ergeben einen starken Stim-
25. April menvorsprung der Sozialisten vor den Liberalen und der als Nachfolgeorganisation der Fortschrittspartei neu gegründeten Demokratischen Partei (Minshuto).

3. Mai *Inkrafttreten der Verfassung.*

28. Mai Die nun unter der Führung des Sozialisten *Tetsu Katayama* (* 1887) gebildete *Koalitionsregierung* wird durch innere Zwistigkeiten in der regierenden Sozialistischen
1948 Partei und die Abspaltung einer Gruppe von Abgeordne-
10. Febr. ten gestürzt, die eine neue Sozialistische Reformpartei (Shakai kaishinto; später Sozialdemokratische Partei, Shakai minshuto) gründen. Es folgen konservative Regierungen, die von der (konservativen) Liberalen Partei gestellt werden.

4. Nov. In den Kriegsverbrecherprozessen werden sieben Hauptschuldige zum Tode verurteilt und hingerichtet. Weitere 16 Offiziere und Politiker werden zu lebenslänglichem Zuchthaus verurteilt.

Die veränderte weltpolitische Lage, insbesondere der kalte Krieg und der Sieg der Kommunisten auf dem chinesischen Festland leiten eine Veränderung in den Beziehungen zwischen den USA und Japan ein. Die Vereinigten Staaten gewinnen ein zunehmendes Interesse daran, ein erstarktes Japan als Bundesgenossen im Pazifik zu gewinnen. Ab 1949 werden die *japanischen Reparationsleistungen* offiziell beendet. Zugleich wird ein Teil der ursprünglichen Säuberungsmaßnahmen rückgängig gemacht, da die amerikanische Militärverwaltung beim Wiederaufbau der japanischen Industrie weitgehend auf Personal aus der Kriegszeit zurückgreifen muß. Auch der Zusammenschluß von Industrie und Handel in Großkonzernen wird wieder zugelassen und von den Besatzungsbehörden durch Begünstigung bei der Zuweisung von Rohstoffen und der Erteilung von Krediten gefördert. Die Vereinigten Staaten beginnen zunehmend, die konservativen Kräfte in Japan als ihre Verbündeten zu betrachten.

1950 US-Präsident *Truman* beauftragt seinen Sonderbeauftrag-
11. Jan. ten *John Foster Dulles* mit der *Vorbereitung eines Friedensvertrages*. Im Vorgriff auf eine künftige Regelung erhält Japan, das gemäß Artikel 9 der Verfassung keine Streitkräfte unterhalten darf, das Recht zum Aufbau einer mit Panzern, Flugzeugen und Marineeinheiten ausgestatteten *„Nationalen Polizeireserve“*. Die Frage der japanischen Wiederaufrüstung sowie der Stationierung amerikanischer Truppen auf japanischem Boden wird zur Zentralfrage der

japanischen Innenpolitik. Die USA schlagen vor, die Verteidigung Japans unter Beibehaltung ihrer Militärbasen auch nach Abschluß eines Friedensvertrages und dem Ende der Besatzungszeit zu übernehmen. Diese Lösung ist in Japan innenpolitisch umstritten.

1951 8. Sept. Im **Friedensvertrag von San Francisco,** den Japan mit den USA und 47 weiteren Nationen abschließt, verzichtet Japan auf alle territorialen Ansprüche außerhalb der Grenzen von 1868. Korea wird unabhängig; die japanischen Besitzungen auf dem chinesischen Festland sowie Taiwan fallen an China; Japans pazifischer Inselbesitz kommt unter die Verwaltung der USA; die Kurilen und Südsachalin fallen an die Sowjetunion; diese sowie die Volksrepublik China verweigern die Unterschrift unter den Friedensvertrag und nehmen keine diplomatischen Beziehungen zu Japan auf.

In einem gleichzeitig geschlossenen Vertrag mit den USA stimmt *Japan* dem Verbleiben amerikanischer Truppen auf japanischem Gebiet zu und wird so *in das westliche Verteidigungsbündnis einbezogen.*

Okt. Die heftig umstrittene Frage der *Ratifikation des Vertrags von San Francisco* durch den Reichstag führt zu einer Spaltung der Sozialistischen Partei in einen linken und einen rechten Flügel, die künftig bei Wahlen getrennt auftreten.

1952 Nach vollzogener Ratifikation erhält Japan seine *volle Souveränität* wieder (April).

1953 März Die Flügelkämpfe in der regierenden Liberalen Partei führen zur Spaltung in zwei Flügel unter der Führung von *Ichiro Hatoyama* (* 1883, † 1959) und *Shigeru Yoshida.*

1954 Sept. Hatoyama selbst kehrt nach kurzer Zeit zum Yoshida-Flügel zurück, verläßt aber anschließend die Partei wieder, um gemeinsam mit den Abgeordneten der 1952 gegründeten Reformpartei die zweite Demokratische Partei zu gründen.

1955 *15. Nov.* Nach der Wiedervereinigung der gespaltenen Sozialistischen Partei gelingt es durch den *Zusammenschluß* der Liberalen und der Demokratischen Partei *zur Liberal-Demokratischen Partei* (Jiyu minshuto) die konservativen Kräfte zu einigen.

Die Liberal-Demokratische Partei bleibt seit ihrer Gründung *Mehrheitspartei im Unterhaus* und stellt jeweils den Ministerpräsidenten. Damit entsteht ein Zwei-Parteien-System, in dem die *Sozialisten die Rolle der permanenten Opposition* übernehmen. Intern ist die Liberal-Demokratische Partei so weitgehend in einzelne Gruppen und Faktionen gespalten, daß sie weniger als eine Programmpartei denn als eine *konservative Regierungskoalition* aufgefaßt werden muß, die durch den Zwang, an der Macht zu bleiben, zusammengehalten wird. In den Verhandlungen mit der Sowjetunion um einen zukünftigen Friedensvertrag sind insbesondere die Kurilen, Habomai, Shikotan, Kunashiri und Etorofu strittig. Auf diese Gebiete hat Japan zwar im Vertrag von San Francisco verzichtet, aber dieser ist von der Sowjetunion, die sich auf die Abmachungen von Potsdam und Jalta beruft, nicht anerkannt worden.

1956 *19. Okt.* Nach langwierigen Verhandlungen einigen sich Moskau und Tokyo auf ein *Abkommen über die Beendigung des Kriegszustandes* und die Normalisierung der diplomatischen Beziehungen. Die Sowjetunion erklärt sich hierbei bereit, die von Japan beanspruchten südlichen Kurilen und die Inseln Habomai und Shikotan nach Abschluß eines Friedensvertrages zurückzugeben. Da für Japan auch Fragen der Fischereirechte im Ochotskischen Meer und im Beringmeer betroffen sind, stimmt es den Abmachungen trotz einiger offener Fragen zu.

18. Dez. *Japan* wird als *Vollmitglied in die UNO* aufgenommen.

Der Prozeß der Normalisierung der Beziehungen Japans zu den Staaten des südostasiatischen Raums wird nach *Wirtschafts- und Zusammenarbeitsabkommen mit Burma* (1954), den *Philippinen, Thailand, Laos, Kambodscha* (1955) durch einen Friedensvertrag und ein

1958 Reparationsabkommen mit *Indonesien* abgeschlossen (20. Jan.).

Als Reibungspunkte zwischen Japan und den USA entwikkeln sich eine Reihe von territorialen und verteidigungspolitischen Fragen. Im Friedensvertrag von 1951 haben sich die USA die volle Jurisdiktion über die Insel Okinawa im Ryukyu-Archipel vorbehalten, obgleich die Einwohner der Insel japanische Staatsbürger bleiben. mit 100 000 US-Soldaten und 117 Stützpunkten sowie Abschußrampen für Raketen mit Atomsprengköpfen ist Okinawa von entscheidender Bedeutung für den pazifischen Verteidigungsgürtel der USA. Japan strebt einerseits nach Wiederherstellung seiner vollen Souveränität über die Insel, ist aber andererseits auf den amerikanischen Schutzschild angewiesen.

1960 *21. Jan.* Der *amerikanisch-japanische Sicherheitsvertrag* sieht die Garantie amerikanischen Militärbeistands für den Fall eines bewaffneten Angriffs auf japanisches Gebiet vor. Die USA erhalten weiterhin das Recht, Streitkräfte in Japan zu stationieren und die vorhandenen Luftstützpunkte auszubauen. Der Vertrag beinhaltet eine gegenseitige Konsultationsklausel, erkennt das Recht Japans an, den Vertrag einseitig zu kündigen und bestätigt die „residuale Souveränität“ Japans über die Ryukyu- und Bonin-Inseln. Es kommt zu schweren innenpolitischen Auseinandersetzungen um die Ratifizierung des Vertrags. Nach einem Generalstreik und antiamerikanischen Massendemonstrationen muß ein für den Sommer vorgesehener Besuch US-Präsident Eisenhowers in Japan abgesagt werden.

24. Jan. Gegen die Opposition der Sozialistischen Partei im Parlament, von der sich eine gemäßigte Gruppe als Demokratisch-Sozialistische Partei abspaltet, kann die Liberal-Demokratische Mehrheit die *Ratifizierung des Vertrages* durchdrücken.

22. Juni Der Kaiser unterzeichnet den Sicherheitsvertrag.

14. Juli Weitere Unruhen, die in einem Attentatsversuch auf den
neugewählten Vorsitzenden der Liberal-Demokratischen
12. Okt. Partei *Hayato Ikeda* (* 1899, † 1965) und der Ermordung
des Sozialistenführers *Inejiro Asanuma* gipfeln.

Sozialisten, Kommunisten und ein großer Teil der Gewerkschaftsbewegung bekämpfen die einseitige Bindung Japans an die USA und drängen auf einen Ausgleich mit der Sowjetunion und der Volksrepublik China.

Die soziale Unruhe findet ihren Ausdruck unter anderem
in dem großen Zulauf zu der radikalen neobuddhistischen
Sekte *Soka Gakkai,* die ihre Mitgliederzahl von 5000 im
1962 Jahre 1951 auf 10 Mio. im Jahre 1962 erhöhen kann.
27. Sept. Als politisches Organ der Sekte wird die *Liga für gerechte*
1964 *Politik* (Komei seiji renmei) *gegründet,* die sich seit ihrer
14. Nov. Teilnahme an Reichstagswahlen *Komeito* nennt und beachtliche Wahlerfolge aufweisen kann.

Innenpolitisch spricht sich die Komeito für den Aufbau einer klassenlosen Gesellschaft, wirksamere Maßnahmen der Sozialpolitik, die Ausrottung der Korruption und eine stärkere Stellung des Oberhauses aus. Als ihre außenpolitischen Ziele bezeichnet sie die allgemeine Abrüstung, die Sicherung des Weltfriedens und internationale Zusammenarbeit. Japan soll zu diesem Konzept durch die Auflösung seiner Selbstverteidigungsstreitkräfte und eine unabhängige Politik zwischen Ost und West beitragen.

1967 Japan nimmt erneute *Verhandlungen über die Rückkehr von Okinawa unter volle japanische Souveränität* auf. Japan, das eine aktive Unterstützung des Vietnamkrieges stets verweigert hat, obgleich Okinawa als amerikanische

Transitbasis in diesem Krieg dient, ist weiterhin daran interessiert, sich den amerikanischen Militärschutz zu erhalten, möchte aber vermeiden, automatisch in mögliche Konflikte hineingezogen zu werden.

1969 *19.–21. Nov.* Bei einem Staatsbesuch des Ministerpräsidenten *Eisaku Sato* (* 1901, † 1975) in Washington *vereinbart* dieser mit Präsident Nixon die *Rückkehr Okinawas* unter japanische Souveränität, wobei die USA ihre Stützpunktprivilegien behalten sollen.

1970 *22. Juni* Der militärischen Sicherung des Landes dient die *Verlängerung des amerikanisch-japanischen Sicherheitsvertrages* von 1960, der nunmehr automatisch um jeweils ein weiteres Jahr verlängert wird, wenn ihn keine der vertragsschließenden Parteien kündigt.

Das amerikanisch-japanische Vertrauensverhältnis wird durch den nuklearen Ausgleich zwischen USA und UdSSR, die Revision der amerikanischen Asienpolitik und die von Washington verfolgte Politik der Annäherung an die Volksrepublik China beeinträchtigt. Insbesondere beschwert sich Japan über mangelnde Konsultation seitens der amerikanischen Regierung. In Wirtschaftskreisen wächst die antiamerikanische Stimmung, als die

19. Nov. USA in der Mills Bill Importrestriktionen durch die Festlegung von Einfuhrquoten für bestimmte Artikel festlegen. Hierdurch ist Japan, das 25% seines Außenhandels mit den USA abwickelt, besonders stark betroffen.

Die innenpolitischen Gegensätze um den weltpolitischen Kurs Japans verstärken sich. Die Frage der Normalisierung der Beziehungen zu China tritt zunehmend in den Vordergrund der politischen Diskussion. Japan, das 1952 (9. Juni) einen *Friedensvertrag mit der nationalchinesischen Regierung (Taiwan)* abgeschlossen und diese als die einzig rechtmäßige anerkannt hat, schließt zwar bereits 1962 ein *Fünfjahresabkommen über den nichtstaatlichen Handel mit der Volksrepublik China* ab, aber die Anerkennungsfrage ist noch ungelöst.

1971 17. Juli Als Ministerpräsident Eisaku Sato infolge des sogenannten „Nixon-Schocks" seine Bereitschaft bekundet, Gespräche mit der Regierung der Volksrepublik China aufzunehmen, lehnt diese ihn als Gesprächspartner ab.

1972 6. Juli Entsprechend den Abmachungen von 1969 kehrt Okinawa zu Japan zurück (15. Mai).

Infolge interner Spannungen der regierenden Liberal-Demokratischen Partei tritt Ministerpräsident Eisaku Sato zurück.

31. Aug. Der *neue Ministerpräsident Kakuei Tanaka* (* 1918) vereinbart bei Gesprächen mit Präsident Nixon in Honolulu eine Erhöhung der japanischen Einfuhren aus den USA.

29. Sept. Auf einer Reise *in die Volksrepublik China* erreicht Tanaka die *Aufnahme diplomatischer Beziehungen* zwischen beiden Staaten. Japan erklärt den Friedensvertrag von 1952 mit Nationalchina für ungültig und erkennt Taiwan als integralen Bestandteil der Volksrepublik China an.

28. Okt. Sein innenpolitisches Programm legt Tanaka im sogenannten *„Tanaka-Plan für die Neugestaltung des japanischen Archipels"* fest. Zu den aus ökologischen und sozialpolitischen Gründen dringend erforderlichen Maßnahmen zählen unter anderem: wirtschaftliche und industrielle Dezentralisierung, Auflösung der Ballungszentren Tokyo, Osaka und Nagoya, Gründung neuer Industriestädte mittlerer Größe in den agrikulturell bestimmten Landesteilen, um die Landflucht zu verhindern, Maßnahmen gegen Umweltverschmutzung und Bodenspekulation, Ausbau der Infrastruktur in den benachteiligten Landesteilen.

1973
3. Mai Präsident Nixon weist öffentlich darauf hin, daß der japanisch-amerikanische Sicherheitsvertrag beide Länder dazu verpflichte, sich gemeinsam um die Behebung internationaler Wirtschaftskonflikte zu bemühen.

26. Sept. –10 Okt. Auf einer Europareise gelingt es Ministerpräsident Tanaka nicht, den westeuropäischen Markt für japanische Exportprodukte weiter zu öffnen.

22. Nov. In einer Erklärung zur Nahostkrise sowie auf Reden bei einer anschließenden Reise Tanakas durch den Nahen Osten macht sich Japan weitgehend den arabischen Standpunkt zu eigen. Um Erdöllieferungen sicherzustellen, wird die Zusammenarbeit mit den arabischen Ländern auf Kreditbasis vereinbart.

1974
Jan. Mit der *Volksrepublik China* wird ein *langfristiges Handelsabkommen* abgeschlossen.

7.–16. Jan. Auf einer Südostasienreise Ministerpräsident Tanakas kommt es in mehreren Ländern zu antijapanischen Demonstrationen.

23. Mai Nach einem Anstieg der Bodenpreise um insgesamt 36% innerhalb von zwei Jahren wird im Rahmen des Tanaka-Plans ein *Gesetz gegen Bodenspekulation und Preiswucher* verabschiedet.

7. Juli Bei den *Teilwahlen zum Oberhaus* muß die regierende Liberal-Demokratische Partei Stimmenverluste zugunsten der linken Opposition (Sozialisten, Sozialdemokraten, Kommunisten) hinnehmen.

15.–26. Sept. Auf einer Lateinamerika-Reise Ministerpräsident Tanakas wird eine enge wirtschaftliche Zusammenarbeit, insbesondere mit Brasilien vereinbart, wo „Nippon Steel" das zweitgrößte Stahlwerk errichtet.

17. Sept. Das Königreich Saudi-Arabien gewährt Japan einen Kredit in Höhe von einer Mrd. US-Dollar.

29. Sept. Der regelmäßige Linienflugverkehr zwischen Japan und der Volksrepublik China wird aufgenommen.

8. Okt. Japan schließt mit der *Bundesrepublik Deutschland einen Vertrag über wirtschaftlich-technische Zusammenarbeit.*

13. Nov. *Verhandlungen Japans mit der VR China* über einen *Friedensvertrag* führen zu Warnungen der Sowjetunion, die nicht bereit ist, eine antisowjetische Hegemonialklausel in einem derartigen Vertrag hinzunehmen.

18.–22. Nov. Mit *Gerald R. Ford* weilt erstmalig ein US-Präsident zu einem offiziellen Staatsbesuch in Japan.

25. Nov. In einem *dreiseitigen Abkommen zwischen Japan, den USA und der UdSSR* über die gemeinsame Ausbeutung der sibirischen Erdgaslager verpflichtet sich Japan, 500 Millionen Dollar unter der Bedingung zu investieren, daß sich die USA mit einem Kredit in Höhe von 400 Millionen Dollar beteiligen.

26. Nov. Der *Rücktritt von Kakuei Tanaka* als Ministerpräsident wird durch eine Serie von Finanzierungsskandalen, Korruptionsaffären und Bestechungsvorwürfen erzwungen (Anklage 1976).

9. Dez. *Rücktritt Tanakas* auch *vom Amt des Parteivorsitzenden der Liberal-Demokratischen Partei.* Sein Nachfolger sowohl in diesem als auch im Amt des Ministerpräsidenten wird der ehemalige Außenminister *Takeo Miki* (* 1907).

1975

2. Febr. Japan schließt ein Abkommen über Wirtschaftsbeziehungen und langfristige Handelskooperation mit der DDR ab.

April Bei den *Gouverneurswahlen* erringen in 14 von 17 Präfekturen die Kandidaten der regierenden Liberal-Demokratischen Partei den Sieg. Die Industriegebiete von Tokyo, Osaka und Kanagawa gehen an die Oppositionskandidaten verloren, die von einer Volksfront unterstützt werden. Im Oberhaus verfügt die Liberal-Demokratische Partei mit 130 von 250 Sitzen ebenso wie im Unterhaus mit 271 von 491 Sitzen weiterhin über die absolute Mehrheit.

Juni Die mit 29 Abgeordneten im Unterhaus vertretene rechtsradikale Komeito, das politische Organ der neobuddhistischen Sekte Soka Gakkai, verkündet ein ideologisches Bündnis mit der Kommunistischen Partei Japans zum gemeinsamen Kampf gegen Atomwaffen und Faschismus.

1976 *Jan.* Der bereits mehrfach angestrebte Versuch, mit der Sowjetunion zu einer Einigung über einen Friedensvertrag zu kommen, scheitert erneut an der *Weigerung der UdSSR,* die Rückgabe der *südlichen Kurilen* ins Auge zu fassen. Im Zuge der *allgemeinen Wirtschaftskrise* erreicht die Arbeitslosigkeit in Japan mit 1,24 Mio. Arbeitslosen ihren Höchststand seit März 1960. Es kommt zu einer Häufung von Lohnstreiks und politischen Massenkundgebungen. Die Verbraucherpreise steigen zwar langsamer als im Vorjahr, weisen aber immer noch eine Zuwachsrate von 7,8% auf.

2. Febr. Japan erklärt die *Ausdehnung seiner Hoheitsgewässer* von drei auf *zwölf* Seemeilen.

Juni Japan gibt den Abschluß seiner Reparationsleistungen an zwölf asiatische Länder in einer Gesamthöhe von 1,5 Mrd. US-Dollar bekannt.

Juli Gegen den 1974 zurückgetretenen Ministerpräsidenten *Tanaka* wird im Zusammenhang mit der Bestechungsaffäre der amerikanischen Flugzeugfirma Lockheed *Anklage wegen passiver Bestechung* erhoben. Daraus ergibt sich eine schwere Krise innerhalb der Liberal-Demokratischen Partei, die zu einer Serie von Kabinettsumbildungen führt.

5. Dez. Bei den *Wahlen zum Unterhaus* muß die regierende Liberal-Demokratische Partei schwere Verluste hinnehmen und verfügt zum ersten Mal seit ihrer Gründung im Jahre 1955 nicht mehr über die absolute Mehrheit. Ihr Stimmenanteil verringert sich von 46,9% bei den Wahlen von 1972 auf 41,8%, die Zahl ihrer Abgeordnetensitze von 271 auf 249. *Zweitstärkste Fraktion im Unterhaus* werden die *Sozialisten,* die ihre Abgeordnetenzahl von 118 auf 123 erhöhen können. Die gemäßigte Demokratisch-Sozialistische Partei erringt 29 anstelle von 19 Sitzen. Während die Abgeordnetenzahl der Kommunisten von 38 auf 17 sinkt, wächst die mit ihnen im ideologischen Bündnis stehende Komeito von 29 auf 55 Sitze an. 17 Sitze gehen an den von den Liberal-Demokraten abgespaltenen Neoliberalen Club und 21 an unabhängige Kandidaten. Die absolute Mehrheit der Liberal-Demokraten im Unterhaus kann jedoch durch den Übertritt einiger unabhängiger Abgeordneter wieder hergestellt werden.

24. Dez. Nach dem Rücktritt des bisherigen Ministerpräsidenten Takeo Miki von seinen Ämtern als Regierungschef und als Parteivorsitzender kann der ehemalige stellvertretende Ministerpräsident und neue Parteivorsitzende der Liberal-Demokratischen Partei *Takeo Fukuda* (* 1905), der zum

Japanische Reismühle (Holzstich des 19. Jahrhunderts).

JAPAN VI: INDUSTRIE

Export von japanischen Automobilen über Bremerhaven in die Bundesrepublik.

rechten Parteiflügel gerechnet wird, mit 256 von 511 Stimmen *zum neuen Ministerpräsidenten gewählt* werden.

1977 *2. April* Ein auf zehn Jahre befristeter *Wirtschafts- und Handelsvertrag mit der Volksrepublik China* sieht chinesische Erdöl- und Kohlelieferungen im Austausch gegen japanische Industriegüter vor.

2. Mai Das Parlament billigt die bereits 1976 von der Regierung angekündigte *Ausdehnung der japanischen Territorialgewässer auf 12* und der *Fischereizone auf 200 Seemeilen.*

11. Mai Gegen die Stimmen der sozialistischen und der kommunistischen Fraktionen verabschiedet das Unterhaus ein Gesetz, das den USA die Benützung von Stützpunkten auf der Insel Okinawa für weitere fünf Jahre gestattet. Das am selben Tag ratifizierte Gesetz über die gemeinsame Ausbeutung des Festlandssockels mit Südkorea wird von Nordkorea und der Volksrepublik China für nichtig erklärt.

12. Juni Japan gewährt der Sowjetunion einen Kredit in Höhe von 300 Mio. US-Dollar zum Ankauf japanischer Industrieeinrichtungen.

5. Sept. Die Regierung verkündet ein *Sieben-Punkte-Programm zur Konjunkturförderung,* das Ausgaben in einer Gesamthöhe von 6 Mrd. US-Dollar vorsieht.

28. Nov. Ministerpräsident *Fukuda bildet das Kabinett um.* Die neue Regierung zielt mit ihrem Programm auf dauerhafte Wachstumsstabilität durch eine Kombination von strukturpolitischen und kulturpolitischen Maßnahmen, weil die starke Expansion bis zum Beginn der siebziger Jahre bei einer sehr geringen Kapitalausstattung der Unternehmen zu steigender Verschuldung und einer großen Zahl von Zusammenbrüchen geführt hat.

1978 Jan. Erneute Verhandlungen mit der Sowjetunion über den Abschluß eines Friedensvertrages scheitern wieder an der Kurilenfrage.

12. Aug. *Abschluß eines Friedens- und Freundschaftsvertrages mit der Volksrepublik China,* der als Grundlage zum weiteren Ausbau der wirtschaftlichen Kooperation dienen soll. Heftige Reaktion auf seiten der Sowjetunion.

27. Nov. Bei der Vorwahl für das Amt des Vorsitzenden der Liberal-Demokratischen Partei unterliegt *Fukuda,* der sich daraufhin zum *Rücktritt vom Regierungsamt* entschließt.

7. Dez. *Masayoshi Ohira* (1910, † 1980), zum neuen Vorsitzenden der Liberal-Demokratischen Partei bestimmt, wird vom Parlament *zum neuen Ministerpräsidenten gewählt.*

1979 21. Febr. Das japanische Parlament fordert von der UdSSR in einer Resolution die Rückgabe der besetzten Kurilen-Inseln und die Aufhebung der dort eingerichteten Militärbasen.

7. Okt. Vorgezogene Unterhauswahlen ohne wesentliche Änderung der Mehrheitsverhältnisse.

1980 Sturz der Regierung durch Mißtrauensvotum des Unter-
Mai/Juni hauses bei Uneinigkeit der Liberal-Demokraten; Parlamentsauflösung (16. Mai). *Tod Ohiras* (12. Juni).

22. Juni Unterhauswahlen, verstärkte Mehrheit der Liberal-Demokratischen Partei.

18. Juli *Zenko Suzuki* (* 1911), Vorsitzender der Liberal-Demokraten, wird *zum Ministerpräsidenten gewählt.*

1981 Nach dem Zusammenstoß eines amerikanischen Atom-U-
9. April Bootes mit einem japanischen Frachter kommt es zu antiamerikanischen Demonstrationen.

30. Nov. *Regierungsumbildung, Yoshio Sakarauchi* (* 1912), Generalsekretär der Liberal-Demokraten, *wird Außenminister.*

1982 Inbetriebnahme der ersten japanischen Urananreicherungsanlage (März).

Juli Das Kabinett beschließt, die *Erdgas- und Ölvorkommen bei Sachalin* trotz des amerikanischen Technologie-Embargos gemeinsam mit der Sowjetunion zu erschließen.

12. Okt. Ministerpräsident Suzuki tritt wegen parteiinternen Differenzen zurück.

25. Nov. In einer Urabstimmung, an der ca. 1 Mio. Mitglieder der Liberal-Demokratischen Partei teilnehmen, wird *Yasuhiro Nakasone* (* 1918) zum Parteivorsitzenden und anschließend (26. Nov.) *zum Ministerpräsidenten gewählt.*

1983 Bei den *Neuwahlen zum Oberhaus* kann die Liberal-Demo-
26. Juni kratische Partei ihre Mehrheit weiter ausbauen.

18. Dez. Bei den *Unterhauswahlen* verliert die Liberal-Demokratische Partei die absolute Mehrheit, kann aber mit dem Neoliberalen Club und Unabhängigen weiterregieren.

26. Dez. *Wiederwahl Nakasones* als Ministerpräsident.

1984 Besuch von Südkoreas Staatspräsident Chon Doo Hwan
6. Sept. in Tokyo zur *Beilegung der aus Japans einstiger Kolonialherrschaft über Korea stammenden Differenzen.* Der *Außenhandel* erzielt in diesem Jahr mit einem Überschuß von 33,7 Mrd. $ einen Rekordsaldo (höchste Zuwachsrate verbuchen die Exporte in die USA und nach China).

1985 Mitglieder des US-Repräsentantenhauses in Tokio, um
4. Juli das *Ungleichgewicht* des amerikanisch-japanischen Handels zu mildern; fordern stärkere Öffnung des japanischen Marktes.

1. Okt. Im Rahmen des Aktionsprogrammes zur Öffnung des Kapitalmarktes werden die Zinssätze auf Termingelder von 1 Mrd. Yen freigegeben.

Korea: Ereignisse und Entwicklungen

Durch ihre geographische Lage ist die Halbinsel Korea seit vorgeschichtlicher Zeit (Besiedlung Japans) Landbrücke zwischen dem Festland und den japanischen Inseln. Korea fungiert als Vermittler von verschiedenen Kultureinflüssen, ist aber auch ständig Schauplatz kriegerischer Auseinandersetzungen zwischen kontinentalen und maritimen Mächten. In diesem Spannungsfeld entwickelt das Land seine eigenständige Kultur, die auf die benachbarten Reiche ausstrahlt. Die natürliche Kargheit der größtenteils gebirgigen Halbinsel erlaubt nur in den Flußbeckenlandschaften Ackerbaumöglichkeiten (Reis, Hirse, Weizen) und an den Küsten Fischfang.

Gesicherte *paläolithische Fundstätten* (Altsteinzeit) sind aus Kulp'o-ri (Provinz Hamgyong) und Ch'ung-ch'ong (Provinz Sokch'ang-ni) bekannt.

um 3000 v. Chr. An den Küsten und längs der Flüsse können *neolithische* Schichten (Jungsteinzeit) mit charakteristischer Kammstrichkeramik nachgewiesen werden. Funde aus dem Spätneolithikum belegen Dorfsiedlungen (strohgedeckte Erdhöhlen mit zentraler Feuerstelle) und Ackerbau (Steinsicheln).

8. Jh. Mit dem Aufkommen von *Bronze* (landwirtschaftliche Geräte und Waffen) werden Siedlungen, deren Häuser sich leicht über das Bodenniveau erheben, an Berghängen angelegt; *Reisanbau* und Errichtung von *Dolmengrabstätten* für die Vornehmen. Es bilden sich mehrere kleine *Stammesstaaten* heraus.

In den **Mythen** wird vom Himmelssohn *Hwanung* berichtet, der auf die Erde herabsteigt und ein Mädchen, das in
4. Jh. einen Bären verwandelt wird, heiratet. Ihr Sohn, der Himmelsenkel *Tangun,* gründet *Choson,* das sich zu einer *Stammeskonföderation am Taedong- und Liaofluß* (im Nordwesten Koreas) entwickelt. Die Träger dieser Kultur kennen *Eisen,* Pferde und Kriegswagen, ihre Holzhäuser sind mit einem Bodenheizungssystem (ondol) ausgestattet.

um 194 *Wiman,* möglicherweise ein abtrünniger Chinese (Wei Man), wird König von Choson.

108 v. Chr. Unter seinem Enkel *Uko* erobert der chinesische Kaiser *Wu* das Reich (Chao-sien, chinesisch das „Land der Morgenfrische") und errichtet vier (seit 82 v. Chr. zwei) Präfekturen mit *Lo-lang* als kulturellem Zentrum (nahe P'yongyang).

1.–3. Jh. Auf der Halbinsel selbst bilden sich in langwierigen Stam-
n. Chr. meskämpfen drei starke, unabhängige Staaten, die **Drei**
613–668 **Reiche:** *Koguryo* (seit 37 v. Chr. traditionell) im nördlichen Teil (zwischen Yalu- und Hanfluß), *Silla* (seit 57 v. Chr. traditionell) im Südosten am Naktongfluß und *Paechke* (seit 18 v. Chr. traditionell) im Südwesten am Kum- und Somilinfluß. In allen drei Staaten herrschen gefestigte *Monarchien* (in Silla Wahlkönigtum) mit straffer *militärischer Organisation* und *gestaffelter Aristokratie,* die sich aus Nachfahren der früheren Stammeshäuptlinge zusammensetzt. Solche Männer vom „wahrem Gebein" (chin'gol) stellen in Silla die Mitglieder des mächtigen Staatsrates Hwaback. Die Staaten sind in Verwaltungseinheiten aufgeteilt, die von Burgen aus regiert werden. Gesandte aus den Hauptstädten treiben die Steuern ein und kontrollieren die Frondienste. Unter dem Einfluß Chinas *kulturelle Blüte:* Übernahme der chinesischen Schrift und des *Konfuzianismus,* Gründung von Akademien, Abfassung von Reichsgeschichten; der *Buddhismus* wird in Koguryo (372), Paechke (384) und Silla (524) offiziell eingeführt.

Während Koguryo mit China und Silla mit Japan immer wieder militärische Konflikte austragen, betreibt Paechke vor allem Handel, schickt koreanische Handwerker nach Japan und vermittelt auf diesem Weg die chinesische Schrift und den Buddhismus.

612–614 Nach drei erfolglosen Feldzügen des Kaisers Yang der
621 Sui-Dynastie erkennen die Drei Reiche unter der folgenden T'ang-Dynastie die *chinesische Oberhoheit* an.

660 Mit Unterstützung Chinas unterwirft *Silla* zunächst
668 Paechke, dann auch Koguryo und herrscht für mehr als zwei Jahrhunderte allein über Korea.

668–935 Obgleich in enger kultureller Verbindung mit China, bleibt Silla de facto unabhängig und kann seinen Machtbereich bis zum Taetong- und Yalufluß ausdehnen. Die Sillakönige herrschen absolut, die Befugnisse des Hwaback sind gering. Der Buddhismus ist die allgemein vorherrschende Religion (753 Erbauung der Höhlentempel von Sokkuram).

692 Durch Vereinfachung chinesischer Zeichen wird die erste *eigenständige koreanische Schrift „idu"* geschaffen.

8. Jh. Nachfolgestreitigkeiten am Hof und häufige Überfälle von japanischen und chinesischen Piraten schwächen die Zentralmacht und lassen regionale Magnaten an Einfluß gewinnen.

892/901 Silla zerfällt in die **Späteren Drei Reiche:** das *Spätere Paechke* (seit 892), das *Spätere Koguryo* (seit 901), die beide von Provinzherren errichtet werden, und *Silla*.
Im Kampf mit diesen kurzlebigen Nachfolgedynastien
918 siegt *Wang Kon,* Begründer des **Königreichs Koryo** (daher die Bezeichnung Korea), der die Halbinsel wieder eint.
935–1392 Er proklamiert die **Wang-Dynastie.**
Die herrschende Klasse Koryos besteht aus den ehemaligen Sillaaristokraten und den Provinzführern, aus deren Reihen die Mitglieder der administrativen Versammlung (Samsong) und des königlichen Sekretariats (Chungchuwon) gewählt werden, die gemeinsam den Obersten Staatsrat bilden. Buddhismus bleibt die offiziell geförderte Religion, während der Konfuzianismus zur politischethischen Weltanschauung der Aristokratie wird.
1100–1400 Blüte der *buddhistisch geprägten Architektur und Skulptur,* technische Vollendung in der *Keramik,* die den Chinesen als unvergleichlich erscheint. Entwicklung des *Buchdrucks* mit beweglichen Lettern (1234).
Die diskriminierende Unterordnung der militärischen un-
1170 ter die zivile Verwaltung führt zum *Staatsstreich* des Generals *Ch'oe Ch'ung-hon,* der ein 60 Jahre dauerndes Militärregime seiner Familie begründet. Einschränkung der Königsmacht und Unterdrückung des Buddhismus, der sich in abgelegenen Gegenden in Form der *Chogejung-Lehre* erneuert, die zur Hauptströmung des koreanischen Buddhismus wird.
Während der Herrschaft der Wang-Könige kommt es an der mandschurischen Grenze immer wieder zu Kämpfen mit Steppenvölkern, vornehmlich den Kitan (Liao-Dynastie) und den Dschurdschen (Chin-Dynastie).
seit 1231 Gegen die Einfälle der übermächtigen *Mongolen* führen die Militärdiktatoren der Ch'oe-Familie einen langen Abwehrkampf, bis sie von einer Zivilregierung entmachtet werden.
1259 Friedenspakt mit den Mongolen. Auch unter ihrer Herrschaft bleibt die relative Unabhängigkeit Koreas erhalten.
1274/1281 Zwei Versuche *Kublai-Chans* scheitern, Japan mit einer von Koreanern erbauten Flotte zu erobern.
1369 Koryo unterwirft sich der neuen chinesischen Dynastie der *Ming*.
14. Jh. Gegen Ende des Koryo-Reiches entsteht eine neue *intellektuelle Elite* von *neokonfuzianisch* beeinflußten Gelehrtenbeamten, deren Ansprüche auf Grundbesitz von den Aristokraten abgewiesen werden, die von den Einkünften

ihrer Latifundien in der Hauptstadt leben. Mit Unterstützung des *Generals Yi Sung-gye* setzen diese Gelehrten eine Landreform durch, wonach der Boden gemäß dem Beamtenrang zugeteilt wird.

1392–1910 Yi zwingt den schwachen letzten Koryo-König zur Abdankung und begründet die **Yi-Dynastie** mit der Hauptstadt Hanyang (nahe Seoul). Der korrupt gewordene Buddhismus wird zurückgedrängt und in Anlehnung an China wird der Konfuzianismus stark gefördert.

1434 Die ersten Yi-Könige erweitern ihren Machtbereich bis zum Yalufluß und führen die koreanische Kultur zu außerordentlicher Blüte.

1443 Aufschwung der Literatur unter dem Einfluß der eigenständigen *koreanischen Buchstabenschrift Han'gul,* unter König *Sejong dem Großen* (1419–1450) geschaffen.

1456–1468 König *Sejo* stärkt und zentralisiert die Ziviladministration, die von der Hauptstadt aus die Beamten der acht Verwaltungseinheiten des Reiches bestellt und kontrolliert.
Zwei erfolglose *japanische Invasionsversuche* unter Hideyoshi Toyotomi. Zunächst vernichtet Yi Su-shin die japanische Flotte.

1592 Eine spätere Besetzung des südlichen Koreas wird mit
1597/1598 dem Tod Hideyoshis abgebrochen und läßt das Land total verwüstet zurück.

1609 Friedensvertrag mit Japan und *Öffnung des Hafens Pusan.*

seit ca. Nach mehreren Einfällen der **Mandschuren** wird Korea
1591 zur bedingungslosen Unterwerfung gezwungen.

1637 Anerkennung des Vasallenstatus gegenüber China.

1640–1880 Abschließung des Landes nach außen.

17. Jh. Aufschwung der Landwirtschaft (Naßreisbau, Bewässerung) und des Handels (Anbau von Ginseng und Tabak).
Die konfuzianischen Gelehrten wenden sich von der traditionellen, theoretischen Philosophie ab und beschäftigen sich mit aktuellen, gesellschaftlichen Problemen: *Silhak,* „Schule der praktischen Wissenschaft".

1660–1880 Die Gelehrten spalten sich in *vier Parteien,* die in teilweise blutigen Kämpfen (Höhepunkt 1694–1722) die Zivilverwaltung bis zum Ende des 19. Jh.s lähmen. Einige Ge-
1801/1866 lehrte bekehren sich zum *Katholizismus* (*Sohak,* „Westliche Lehre"), der sich trotz Verfolgungen (1801, 1839, 1866) langsam ausbreitet.
Die unfähige und korrupte Regierung ruft innere Unruhe hervor, es entstehen Sekten, die bodenständige, religiöse Wurzeln mit sozialrevolutionären Zielen verbinden (*Tonghak,* „Östliche Lehre").

1876 *Japan* erzwingt militärisch die *„Öffnung“* von drei koreanischen Häfen.

1882–1884 Unter dem Druck der Ch'ing-Regierung weitere *Handelsverträge* mit anderen *westlichen Mächten.* Die Einführung westlicher Waren und Technologien belastet vornehmlich die Bauern, die immer stärker der *Tonghak-Bewegung* zuströmen.

1894 Ein Aufstand dieser Bewegung schließlich bedroht die Regierung. Die zu Hilfe gerufenen chinesischen Truppen stoßen auf die *japanische Interventionsarmee.*

1894/1895 *Chinesisch-japanischer Krieg* um den Besitz Koreas endet mit vernichtender Niederlage Chinas.

1895 Im **Frieden von Shimonoseki** muß China die „Unabhängigkeit“ Koreas anerkennen. Unter *japanischer Hegemonie* werden Reformen nach westlichem Muster durchgeführt (Ernennung eines Kabinetts. Abschaffung der Staatsprüfungen). Steigende Spannungen zwischen Japan und Rußland, die ihre Einflußsphären in Korea und der Mandschurei ausweiten.

1896 Nach der Ermordung der antijapanisch eingestellten *Königin Min* fliehen König und Kronprinz für ein Jahr in die russische Gesandtschaft.

1897 Mit Unterstützung einer Volksbewegung zur Wiederherstellung der koreanischen Souveränität kehrt der König in den Palast zurück und proklamiert Korea zum **Kaiserreich Tae Han.**

1904/1905 Im *russisch-japanischen Krieg* besetzt Japan Seoul und erzwingt die Annullierung der den Russen gewährten Konzessionen.
Der Besitz Koreas ermöglicht Japan die Offensive in der Mandschurei und die Flottenoperationen gegen die russischen Seestreitkräfte.

1905 Im *Frieden von Portsmouth* erkennt Rußland Korea als *japanisches Interessengebiet* an.

Sept. Korea wird japanisches Protektorat.

1910 Nach der erzwungenen Abdankung des Kaisers wird Ko-
22. Aug. rea unter der Bezeichnung **Chosen japanisches Generalgouvernement.** Die kolonisatorische Unterdrückung der koreanischen Kultur und die wirtschaftliche Ausbeutung führt zur Auswanderung vieler Koreaner in die Mandschurei, nach China, Hawaii, aber auch (als billige Arbeitskräfte) nach Japan. Konzentrierung der agrarischen Entwicklung im Süden und des industriellen Aufbaus im Norden.

1919 Nach dem Tod des vorletzten Kaisers kommt es im ganzen
Jan. Land zu *antijapanischen Protesten.*

1. März Erklärung der Unabhängigkeit *(„Bewegung des 1. März")*. Nach der blutigen Niederschlagung der Demonstrationen wird an den Schulen zum Teil wieder die koreanische Sprache erlaubt, und es dürfen sich Koreaner an der Regierung beteiligen.

April Eine *Exilregierung* unter Mitwirkung *Syngman Rhees* (* 1875, † 1965) wird in Shanghai gegründet.

1920–1930 Japan bestimmt Korea zum Reisanbaugebiet, um die durch die einseitige Industrialisierung gefährdete Versorgung mit Reis zu sichern.

seit 1930 Korea dient als Aufmarschgebiet für die japanischen Eroberungen auf dem Festland.

1939 Mit der Einverleibung Koreas als Provinz wird die bisherige Japanisierungspolitik verstärkt fortgesetzt.

1943/1945 In den *Konferenzen von Kairo und Potsdam* garantieren die Alliierten die Unabhängigkeit Koreas.

Republik Korea (Südkorea)

1945 *Juli* Die Alliierten garantieren in der Konferenz von Potsdam wie schon in der Erklärung von Kairo (Dez. 1943) die *Unabhängigkeit Koreas*.

Aug./Sept. Amerikanische Soldaten nehmen im Süden des Landes bis zum 38. Breitengrad als Demarkationslinie die Kapitulation der japanischen Truppen entgegen.

10. Sept. Einsetzung einer *US-Militärregierung*.

1947 Die UNO beschließt allgemeine Wahlen unter ihrer Aufsicht in ganz Korea (14. Nov.).

1948 *10. Mai* Da dies von Nordkorea boykottiert wird, finden nur in Südkorea *Wahlen zur Nationalversammlung* statt.

20. Juli *Syngman Rhee* (* 1875, † 1965), der bereits 1919 an der Exilregierung in Shanghai beteiligt war, wird zum ersten Präsidenten gewählt: **Erste Republik (1948–1960).**

8. Sept. US-Truppen verlassen bis auf Militärberater Korea.

1950 **25. Juni** Nach militärischen Konflikten an der Demarkationslinie fallen nordkoreanische Truppen in Südkorea ein: **Koreakrieg.** Innerhalb von zwei Monaten ist der größte Teil Südkoreas überrannt.

Aug. UN-Truppen, zum Großteil Amerikaner, bringen unter General MacArthur die Invasion am Naktongfluß zum Stehen.

Okt. In einer *Gegenoffensive* greifen die UN-Truppen mit Billigung der UNO Nordkorea an und erreichen die chinesische Grenze.

Koreakrieg:
Amerikanische UNO-Truppen
und südkoreanische Flüchtlinge
(August 1950).

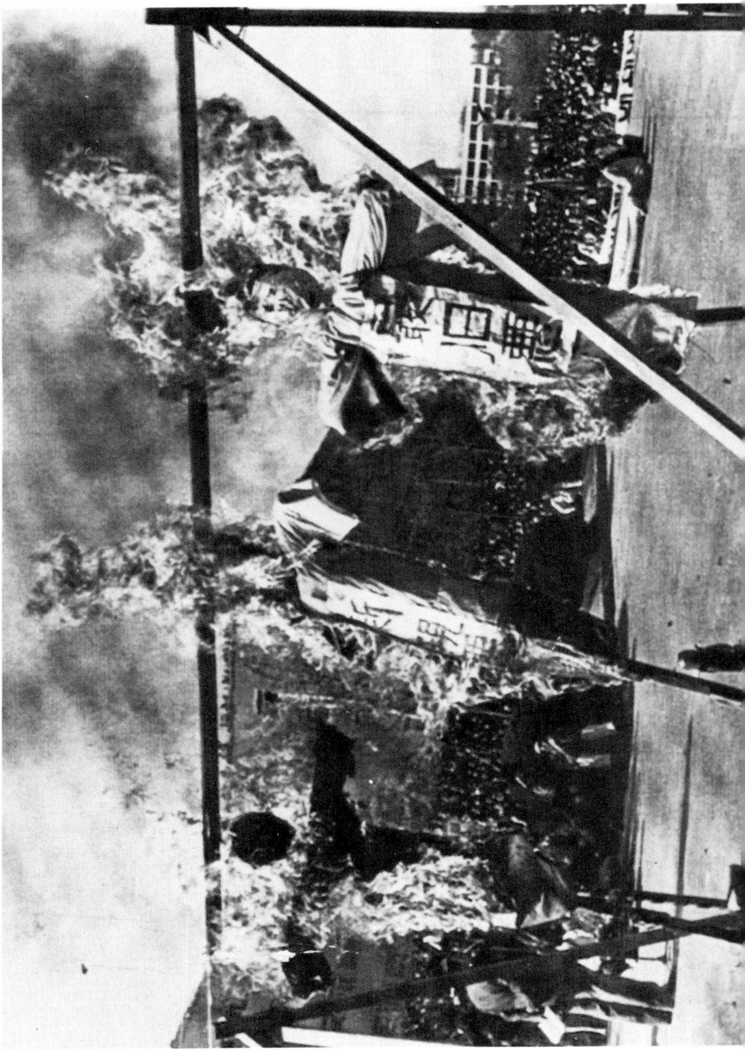

Studenten der Universität Seoul
demonstrieren für die Aufhebung des Kriegsrechts
in Südkorea (6. Mai 1980).

1951 Nordkoreanische Truppen und chinesische Freiwillige
Jan. stoßen erneut bis südlich von Seoul vor, doch schließlich erstarrt die Front im Frühjahr an der alten Demarkationslinie des 38. Breitengrads.

Juli Nach Feuerpause Beginn langwieriger *Friedensverhandlungen in P'anmunjon* (38. Breitengrad).

1953 Unterzeichnung eines *Waffenstillstandsvertrags,* der den
27. Juli Frontverlauf als De-facto-Staatsgrenze bestätigt.

1954 *Südkorea* schließt mit den USA ein Abkommen im Falle eines Verteidigungskrieges.

1. Okt. Massive amerikanische Wirtschaftshilfe und politische Unterstützung. Syngman Rhee erstickt alle Versuche der
1960 Opposition, das präsidiale System durch ein parlamentarisches zu ersetzen.

April Rhees vierte Wiederwahl ruft heftige *Studentenunruhen* hervor, die ihn ins Exil zwingen.

1960/1961 Die **Zweite Republik** ist ein parlamentarisches System unter Ministerpräsident *Chang Myon* (* 1899, † 1966), die nach 9 Monaten am Parteienstreit zerbricht.

1961 Beendigung der Zweiten Republik durch einen *Militärputsch* (Mai).

Juni Nach Aufhebung der Verfassung setzt sich General *Park Chung-hee* (* 1917, † 1979) an die Spitze der *Militärregierung.*

1963 Park übernimmt nach staatsstreichähnlichen Maßnahmen das Amt des Staatspräsidenten:

17. Dez. **Dritte Republik.**

Parks autoritäres Regime regiert mit einem straffen Polizeiapparat und der häufigen Verhängung des *Kriegsrechts,* doch wird es als fester Verbündeter von den USA gestützt (45 000 Koreaner kämpfen im Vietnamkrieg).

1965 Im „Vertrag über die allgemeinen Beziehungen" zwischen
22. Juni Japan und Südkorea anerkennt Japan die südkoreanische Regierung als die „allein gesetzmäßige" von ganz Korea.

1972 *Gemeinsames Kommuniqué* zwischen Nord- und Südko-
4. Juli rea: Verzicht auf Propaganda und Provokation, Errichtung eines „heißen Drahtes" zwischen Seoul und P'yongyang, Konstitution eines Koordinationsausschusses.

Okt. Die Neuorganisation der US-Präsenz in Ost- und Südostasien führt zur *außenpolitischen Schwächung des Park-Regimes* und seiner innenpolitischen Verhärtung. Proklamierung der *Yushin-(„Revitalisierungs"-)Reformen* zur Stärkung der Exekutive.

Nov. Park läßt sich in einem Referendum erweiterte Machtbefugnisse ausstellen und die Möglichkeit der unbegrenzten

Wiederwahl zusichern. Sein Vorschlag, beide koreanische Staaten in die UNO aufzunehmen, wird von Nordkorea zurückgewiesen, da dies den Status des geteilten Landes bestätigen würde.

1973 Aug.: Ende der Annäherung zwischen Süd- und Nordkorea, *„Einfrieren" des Dialogs.*

1977 Jan. Ankündigung von US-Präsident Carter, den Großteil der in Südkorea stationierten US-Bodentruppen bis 1981 abzuziehen (1979 weitgehend während eines Staatsbesuchs in Seoul rückgängig gemacht).

1978 Die Nationalkonferenz bestätigt Park für weitere sechs Jahre im Amt (6. Juli).

1979 Jan. Positive Reaktion Südkoreas auf nordkoreanische Angebote, über die Beziehungen zwischen beiden Staaten zu verhandeln.

26. Okt. *Ermordung von Präsident Park* durch den Geheimdienstchef Südkoreas.
Amtierender Präsident wird Ministerpräsident *Choi Kyu Ha* (* 1919).

1980 Massaker der Armee in Kwangju (26. Mai).

16. Aug. *Chon Doo Hwan (* 1932) wird Staatspräsident.*

17. Sept. Oppositionspolitiker *Kim Dae Jung* (* 1925) *zum Tod verurteilt:* später begnadigt.

1983 *UdSSR-Jäger schießen südkoreanisches Passagierflugzeug* westlich Sachalin *ab* (1. Sept.).

1984 Besuch *Chon Doo Hwans in Japan* zur Beilegung der Spannungen aus der Kolonialzeit (6. Sept.).

1985 8. Febr. Oppositionspolitiker Kim Dae Jung kehrt aus dem Exil zurück.

Volksdemokratische Republik Korea (Nordkorea)

Der Aufbau der kommunistischen Bewegung Koreas beginnt während der japanischen Besetzung (1910–1945) in der Emigration: *„Irkutsk-Gruppe"* in der Sowjetunion, *„Shanghai-Gruppe"* in China.

1945 Aug./Sept. Nach der *Kapitulation Japans* besetzen *sowjetische Truppen* den Norden des Landes *bis zum 38. Breitengrad* als Demarkationslinie, um die japanischen Truppen zu entwaffnen, der Süden ist aus demselben Grund von *US-Truppen* besetzt.

1946 8. Febr. Mit sowjetischer Hilfe organisiert der „Kriegsheld" *Kim Il-sung* (* 1912?), der seit 1941 unter chinesischem Kommando in der nordöstlichen Antijapanischen Armee kämpft, den Wiederaufbau des Nordens: Bildung eines provisorischen Volkskomitees und Erstellung eines 20-Punkte-Programms (Agrarreform, Arbeiterschutzgesetze, Verstaatlichung von Industrie, Verkehrswesen und Banken).

1947 4. Dez. Obwohl sich die Vereinten Nationen (gegen den Einspruch der Sowjetunion) als allein zuständig für die Frage der koreanischen Wiedervereinigung erklären und Wahlen unter ihrer Aufsicht verlangen, gibt sich Nordkorea eine *sozialistische Verfassung.*

1948 Nordkorea führt selbständig Wahlen durch (25. Aug.).

9. Sept. Ausrufung der **Volksdemokratischen Republik Korea** mit *Kim Il-sung* als *Ministerpräsident.*

1949 Die UdSSR zieht ihre Truppen bis auf Militärberater ab.

1950 **25. Juni** Nach kleineren militärischen Konflikten an der Demarkationslinie (38. Breitengrad) fallen nordkoreanische Truppen in Südkorea ein: Beginn des **Koreakriegs.**

Aug. UN-Truppen, zum Großteil US-Amerikaner, halten unter General *Douglas MacArhur* (* 1880, † 1964) die Invasion am Naktongfluß auf.

20. Okt. *Eroberung P'yongyangs* während einer Gegenoffensive, bei der die UN-Truppen mit Billigung der UNO Nordkorea angreifen.

26. Okt. Durch das Vorrücken der UN-Truppen bis zum Yalu (mandschurische Grenze) fühlt sich *VR China bedroht:* etwa 200 000 Freiwillige greifen unter Führung *P'eng Tehuais* (* 1899) in die Kämpfe ein.

1951 4. Jan. Chinesische Verbände stoßen mit nordkoreanischen Soldaten bis südlich von Seoul vor. Schließlich stabilisiert sich die Front am 38. Breitengrad.

Juli Nach einer Feuerpause folgt der Beginn der schwierigen *Waffenstillstandsverhandlungen in P'anmunjom.*

1953 **27. Juli** Unterzeichnung eines **Waffenstillstandsvertrages,** der den Frontverlauf als De-facto-Staatsgrenze bestätigt.

seit 1955 Propagierung einer Staatsdoktrin der *„Eigenständigkeit" (juche):* Ideologische Autonomie, politische Unabhängigkeit, wirtschaftliche Selbständigkeit und Selbstwehr in der Verteidigung. Im *chinesisch-sowjetischen Konflikt* versucht Kim erfolgreich neutral zu bleiben und den endgültigen Bruch zu vermeiden.

1960 6. Juli Nach der drastischen Beschränkung sowjetischer Lieferungen schließt Nordkorea ein *Freundschafts- und Beistandsabkommen mit Moskau.*

15. Juli Ein ähnliches *Abkommen* wie mit der Sowjetunion wird *mit der VR China* abgeschlossen.

1968 Nordkoreanische Patrouillenboote bringen das US-Auf-
23. Jan. klärungsschiff *„Pueblo"* auf, das die von Nordkorea beanspruchte 12-Meilen-Zone verletzt haben soll.
23. Dez. Nach langwierigen Verhandlungen und amerikanischer Entschuldigung wird die Besatzung freigelassen.

1972 Unter dem Eindruck der Annäherung Washington–Peking
4. Juli treffen sich Vertreter Nord- und Südkoreas zu *Geheimverhandlungen:* ein gemeinsames Kommuniqué propagiert die friedliche Wiedervereinigung sowie den Verzicht auf Propaganda und Provokation. Zwischen den beiden Hauptstädten wird ein „heißer Draht" eingerichtet. Beide Staaten konstituieren einen Koordinationsausschuß.
28. Dez. In einer *neuen Verfassung* wird die Machtposition Kim Ilsungs gestärkt: er ist nun Staatspräsident, Vorsitzender der KP, des Zentralen Volksausschusses, der Nationalen Verteidigungskommission sowie Oberkommandierender der Streitkräfte.

1973 „Einfrieren" des Dialogs zwischen Nord- und Südkorea (Aug.).

1975 Besuch Kims in Peking und erste Auslandsreise des chine-
Aug. sischen Premiers nach P'yongyang, der Hauptstadt von Nordkorea.

1979 Erneute Verhandlungsangebote Nordkoreas von Südko-
März rea positiv beantwortet (Jan.). Scheitern der Gespräche mit Südkorea.

1980 Erneute Wiederaufnahme des Dialogs nach der Ermor-
Jan./Febr. dung des südkoreanischen Staatspräsidenten Park.

1984 *Nordkorea schlägt den USA Dreiergespräche* zur Lösung
15. Aug. der Koreafrage *vor* (10. Jan.). Südkorea bietet Nordkorea *Technologie zur Verbesserung des Lebensstandards* an.

Literaturauswahl

Ostasien

Schöller, P., *Dürr,* H., *Dege,* E., Ostasien (Fischer Länderkunde Bd. 1), Frankfurt/M. 1978

China

Eberhard, W., Geschichte Chinas. Von den Anfängen bis zur Gegenwart, Stuttgart 1980

Franke, H. und *Trauzettel,* R., Das Chinesische Kaiserreich, Frankfurt & Hamburg 1968.

Franke, W. (Hrsg.), unter Mitarbeit v. B. *Staiger,* China-Handbuch, Düsseldorf 1974

ders., Das Jahrhundert der chinesischen Revolution 1851–1949, München, Wien 1980, 2., erg. Aufl.

Granet, M., Die chinesische Zivilisation. Familie, Gesellschaft, Herrschaft. Von den Anfängen bis zur Kaiserzeit, München, Zürich 1976

Link, H., *Leimbigler,* P. u. *Kubin,* W. (Hrsg.), China. Kultur, Politik und Wirtschaft. Festschrift für A. Hoffmann zum 65. Geburtstag, Tübingen, Basel 1976

Lorenz, R. (Hrsg.), Umwälzung einer Gesellschaft. Zur Sozialgeschichte der chinesischen Revolution (1911–1949), Frankfurt/M. 1977

Opitz, P. J. (Hrsg.), Die Söhne des Drachen. Chinas Weg vom Konfuzianismus zum Kommunismus, München 1974

Verlag *Ploetz* (Hrsg.), China, Geschichte-Probleme-Perspektiven, Freiburg, Würzburg 1981

Schickel, J., Im Schatten Mao Tse-tungs. Chinas nahe Geschichte, Frankfurt/M. 1982

Staiger, B. (Hrsg. im Auftrag d. Inst. f. Asienkunde Hamburg), China. Natur – Geschichte – Gesellschaft – Politik – Staat – Wirtschaft – Kultur, Tübingen, Basel 1980

Ting Kai Chen, Die Volksrepublik China – Nord und Süd in der Entwicklung. Mit Beitr. v. K. Buchanan u. H. Hamm, Stuttgart 1977

Japan

Boesch, H., Japan, Braunschweig 1978

Haasch, G., Japan. Eine politische Landeskunde, Berlin 1982

Hall, J. Whitney, Das japanische Kaiserreich (Fischer Weltgeschichte Bd. 20), Frankfurt/M. 1968

Hartmann, R., Japan. Gesellschaft, Politik, Wirtschaft, Köln 1983

Kracht, K., *Lewin,* B. u.a. (Hrsg.), Japan und Deutschland im 20. Jahrhundert (Veröffentlichungen d. Ostasien-Inst. d. Ruhr-Univ. Bochum Bd. 32), Wiesbaden 1984

Piper, A., Japans Weg von der Feudalgesellschaft zum Industriestaat. Wandlungsimpulse und wirtschaftliche Entwicklungsprozesse in ihrer politischen, geistigen und gesellschaftlichen Verankerung, Köln 1976

Zahl, K. F., Die politische Elite Japans nach dem 2. Weltkrieg. With an English summary (Schriften d. Inst. f. Asienkunde in Hamburg Bd. 34), Wiesbaden 1973

Korea

Göthel, I., Geschichte Koreas. Vom 17. Jahrhundert bis zur Gegenwart, Berlin 1978

Jong-min Kim, Politik in Südkorea zwischen Tradition und Fortschritt. Krisensequenzen in einem Schwellenland, Frankfurt, Bern 1983

Juttka-Reisse, R., Agrarpolitik und Kimilsungismus in der Demokratischen Volksrepublik Korea, Königstein/Ts. 1979

Namen- und Sachregister

Im Registeralphabet sind ä wie ae, ö wie oe, ü wie ue eingereiht. Nach dem Stichwort stehen zunächst die Verweise auf Textstellen, nach [A] die Verweise auf Abbildungstafeln, nach [T] die Verweise auf (Übersichts-)Tafeln.
Als besonders wichtig gekennzeichnete Verweise (**halbfette** Seitenzahl) beziehen sich jeweils auf einen ganzen thematischen Block oder eine andere geschlossene Textpassage. Bei Personen verweisen *kursive* Seitenzahlen auf die Lebensdaten. Der Pfeil ↗ zeigt an, daß die gesuchte Information unter einem anderen Stichwort zu finden ist, der Hinweis s. a. (siehe auch) sagt aus, daß zusätzliche Informationen unter den dort angegebenen Stichwörtern nachgeschlagen werden können.
Chinesische und koreanische Namen erscheinen im Regelfall vollständig (Mao Tse-tung, Park Chung-hee), während japanische Namen wie europäische behandelt werden: Hier wird der Nachname vorangestellt (Tanaka, Kakuei).
China und Japan sind nicht als Stichwort im Register vertreten, da in diesem Fall das Inhaltsverzeichnis einen ausreichenden Überblick bietet.
[A] = Abbildungstafeln; [T] = Übersichtstafeln

Abkürzungen im Register

Abk. = Abkommen
Adm. = Admiral
AG = Alte Geschichte
allg. = allgemein
chin. = chinesisch
Dipl. = Diplomat
Dyn. = Dynastie
Engl. = England
Feldh. = Feldherr
Fl. = Fluß
Frd. = Friede
Ft. = Fürst
Gen. = General
Geschl. = Geschlecht
Hz. = Herzog
ind. = indisch
japan. = japanisch
Kfz. = Konferenz
Kg. = König
korean. = koreanisch
ksl. = kaiserlich
Ks.(n) = Kaiser(in)
Kzl. = Kanzler
MA = Mittelalter
NZ = Neuzeit
Pr. = Prinz
Präs. = Präsident
Prov. = Provinz
Schl. = Schlacht
sowj. = sowjetisch
russ. = russisch
Vtg. = Vertrag
westl. = westlich
Wfnst. = Waffenstillstand

C

H

K

L

M

N

Q

R

S

T

U

V

W

X

Y

Z